本书为以下项目的阶段性成果

国家民委民族研究项目：非物质文化遗产赋能中华民族共同体建设的实践路径研究（编号2023—GMD016）

中南民族大学四部委铸牢中华民族共同体意识研究基地竞争性项目：荆楚文化蕴含的中华民族共同体意识研究（编号：JDY23011）

乡村振兴战略下
民间文学艺术法律保护研究

高俊山　著

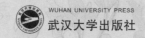

武汉大学出版社

图书在版编目(CIP)数据

乡村振兴战略下民间文学艺术法律保护研究/高俊山著.—武汉:武汉大学出版社,2024.1
ISBN 978-7-307-23346-1

Ⅰ.乡… Ⅱ.高… Ⅲ.①民间文学—法律保护—研究—中国②民间艺术—法律保护—研究—中国 Ⅳ.D922.164

中国版本图书馆 CIP 数据核字(2022)第 185456 号

责任编辑:聂勇军   责任校对:鄢春梅   版式设计:马 佳

出版发行:**武汉大学出版社** (430072 武昌 珞珈山)
(电子邮箱:cbs22@whu.edu.cn 网址:www.wdp.com.cn)
印刷:武汉中科兴业印务有限公司
开本:720×1000 1/16 印张:13 字数:191 千字 插页:2
版次:2024 年 1 月第 1 版 2024 年 1 月第 1 次印刷
ISBN 978-7-307-23346-1 定价:58.00 元

前　　言

党的十九大做出了实施乡村振兴战略的重大决策部署。乡村振兴战略提出的产业兴旺、生态宜居、乡风文明、治理有效、生活富裕等各项要求都与民间文学艺术的科学保护与合理利用紧密相连。作为中华民族传统知识智力资源体系重要组成部分的民间文学艺术，历经百年而逐渐形成，与不同民族宗教、历史、道德等密切相关，集传统性、地域性、群体性、民族性等特征于一体。民间文学艺术的保护与合理利用，是我国实施乡村振兴战略、促进乡村发展的重要途径。民间文学艺术的知识产权保护、非物质文化遗产保护对乡村文化建设具有较强的正向激励作用。乡村文化振兴目标的实现离不开民间文学艺术的传承、保护和创新发展。

近年来，我国乡土文化发生重大变迁。民间文学艺术由于本身的脆弱性和受现代文明的剧烈冲击，面临着前所未有的存续危机。传统村寨承载的文化元素在迅速消失，民间文学艺术被盗用、滥用等不合理利用现象也屡见不鲜。它们本应是传统村落区域经济发展的重要生产力资源，是实现乡村振兴的重要驱动力，却被国际资本或非本民族成员利用，使其获得丰厚的商业回报，而传统村落的村民却并没有因此而获得文化上的认同、产权归属上的确认、经济收入的增长。

乡村发展和民间文学艺术保护是全人类共同的意愿，民间文学艺术保护与乡村振兴这两个时代性问题既相互交织，又相互作用。国际社会本着互助合作的精神为推进乡村发展和民间文学艺术保护共同做出了积极努力，《保护文学和艺术作品伯尔尼公约》《发展中国家版权突尼斯示范法》等国际条约相继问世，一些国家也出台了有针对性的政策法律。这些努力和尝试,为我国推进乡村发展和民间文学艺术保护提供了借鉴。

当代社会,民间文学艺术在创造就业和消除贫困方面呈现出巨大的潜力。对传统设计的产权保护,可以使我国广大乡村地区对自身传统科技性、技术性知识享有某种控制权,发展相关产业,为乡村产业发展带来新动能和新的增长点;对民间舞蹈、音乐的产权保护,可以使我国广大乡村地区对自身民间文学艺术享有控制权,促进相关文化产业发展和相关文化公共品供给,为乡村文化发展创造条件;民间文学艺术与乡村旅游业的深度融合,对民间文学艺术进行创造性转化和创新性发展,可为传统村落提供更多就业岗位、增加居民收入。

推动乡村振兴战略的实施,需要村落内部这些具有原生特征的文化遗产发挥其独特价值,需要进一步完善非物质文化遗产保护体系、知识产权保护体系,从意识先行、政府引导、以人为本、激活内生动力、强化创新传承与转化发展等角度推动我国乡村振兴战略的实施。这其中,民间文学艺术产权保护规则的构建,涉及实质条件与程序条件两个层面。实质层面,要坚持客体的合法性、内容的地域性和民族性、主体的群体性、表现形式上的独创性和传统性;程序方面,应由文化保护部门建立和完善我国民间文学艺术数据库,由主管部门进行数据登记。权利内容可以区分为精神权利和经济权利。前者主要包括发表权、署名权或者表明来源权、保护完整权;经济权利则应根据保密状态的不同而授予有所差异的内容。产权保护规则的限制主要包括合理使用、习惯性许可使用和法定许可使用。权利保护期限方面,除发表权和经济权利之外的人身权利,应当给予无期限保护。

目　　录

绪　论

一、选题理由

我们所生活的世界是由无数乡村和乡村所环绕的城市所组成的。乡村繁衍了人类社会的古代文明和传统文化，城市孕育产生出人类社会的现代文明和工业文明。城市和农村的二元社会结构的并生共存，既涉及现代人工作及生活方式的选择，更是当代国家治理体系中必须正确面对和妥善解决的现实问题。中华民族是一个蕴含着极大创造性的民族。从农耕时代，到工业文明，各族群众在土壤肥沃的乡野间、在风景如画的山川中、在漫长的历史岁月里，积淀出丰富的历史和文化财富，创造出形式多样、价值巨大的传统文化财富。千百年来，乡村成为中华传统的根基，积淀了中华民族灿烂的农耕文明。在历史发展演进过程中，我国各地形成了许多特色村寨，它们都具有十分鲜明的特色，具有唯一性与不可复制性，是中华民族历史文化的缩影，是传承民间文学艺术的有效载体，是孕育传统文化的摇篮。

从 20 世纪 80 年代中期开始，乡村所发生的巨大变化让人始料未及，以乡村支持城市发展的宏观政策，使得乡村资源被廉价吸纳。[①] 乡土文化发生重大变迁，传统村寨经济上出现衰退，承载的民族文化元素在迅速消失，村寨里所蕴含的民间文学艺术被不合理利用的现象屡见不鲜。传统村寨外的商业主体在未经当事人(传承人)授权的前提下，对民间文学艺术进

---

① 张西昌. 传统手工艺的知识产权保护研究[D]. 西安：西安美术学院，2013：256.

行无偿利用，甚至经过简单加工或升级后申请知识产权，传统村寨再利用传统资源反而需要支付费用。民间文学艺术本应是传统村落区域经济发展的一个重要生产力资源，是实现乡村振兴的重要抓手，却被国际资本或非本民族成员无偿利用获得丰厚的商业回报，而传统村落的村民却无法获得文化上的认同、产权归属上的确认、经济收入的增长。

2020 年突如其来的新冠肺炎疫情给中国和整个世界都带来了深远的影响，疫期导致文化从业者收入锐减，许多艺术家生计变得更加困难。① 人类社会正在面临一场文化危机。乡村发展和民间文学艺术保护是全人类共同的意愿，国际社会本着互助合作的精神，为推进乡村发展和民间文学艺术保护做出了积极努力。《保护文学和艺术作品伯尔尼公约》《发展中国家版权突尼斯示范法》等国际条约相继问世，日本的"造村运动"、韩国"新村建设"等出台了有针对性的法律政策，许多国家开展了反贫困、造村运动、新村运动等乡村发展工程。这些努力和尝试，为我国推进乡村发展和民间文学艺术保护提供了借鉴。

民间文学艺术的生命之根在广阔乡村，民间文学艺术的繁荣和发展是乡村振兴的重要组成部分，乡村的振兴和发展离不开具有精神内涵和底蕴的民间文艺发挥的独特作用。在乡村从传统到现代嬗变的过程中，将民间文学艺术、传统文化元素等融入美丽乡村建设，推动乡村发展的例子并非个例。韩国甘川将彩绘艺术与村庄独特的地形地貌、街巷空间和社区生活融合碰撞，打造出网红艺术村；日本越后妻通过举办大地艺术祭，将乡村作为艺术创作的对象和布展空间，帮助振兴了原本衰落的村庄；美国樱桃冠农村通过创意景观设计，在大地上打造出一个乡土迷宫乐园，一时吸引游客无数。② ……

---

① 联合国教科文组织. 我们需要采取协调一致的全球行动，支持艺术家并确保全民文化获取［EB/OL］［2020-11-18］. https://zh.unesco.org/news/jiao-ke-wen-zu-zhi-man-tan-jian-ren-yi-zhu-xian-shang-tao-lun-yi-zhu-jia-he-chuang-zao-li-ru-he.

② 周岚，陈浴宇. 田园乡村：国际乡村发展 80 例——乡村振兴的多元路径［M］. 北京：中国建筑工业出版社，2109：326-329，334-343.

村寨是特殊的乡村形态，是推动传统文化保护的基础单元，也是实施乡村振兴战略的重要组成部分。实施乡村振兴战略是党的十九大做出的重大决策部署，对解决"三农"问题，实现中华民族的伟大复兴等具有重要意义。习近平总书记多次就乡村振兴和传统文化保护工作做出指示，深刻阐释了乡村的文化意义，强有力扭转了单纯以经济标准判断乡村价值的认识，对乡村文明的传承、民族精神家园的守护，发挥了及时而长远的作用，为我们新时期做好相关工作指明了方向。① 2021 年，国家成立乡村振兴局，2021 年中央一号文件强调要"挖掘传统乡土文化，全面推进乡村振兴"，中共中央办公厅、国务院办公厅为此印发《关于加快推进乡村人才振兴的意见》。② 为了全面实施乡村振兴战略，2021 年 4 月，《乡村振兴促进法》实行。伴随制度建设的完善，乡村振兴各项工作在我国得以有效推进。

乡村振兴战略规划中提出的"产业兴旺、生态宜居、乡风文明、治理有效、生活富裕"总要求中的多个方面与民间文学艺术保护密切相关。然而，受制于地理位置、历史传统等因素，传统村落实现区域发展、脱贫致富和乡村振兴的任务重、困难多。传统村落乡村振兴战略的实施，需要加强民间文学艺术的传承与保护，需要村落内部这些具有原生特征的文化遗产进一步发挥其独特价值，带给村寨居民共享资源开发的实际利益，也需要深入研究和借鉴国际社会与组织、世界各国在传统部族传统知识保护方面的有益探讨和尝试，需要将民间文学艺术非物质文化遗产保护体系、知识产权保护体系作进一步调试，通过保护理念的整合、民间文艺产权规则的构建和救济制度的完善，从意识先行、政府引导、以人为本、激活内生动力、强化创新传承与转化发展等角度推动我国乡村振兴战略的实施。

---

① 潘鲁生. 习近平文艺思想的新时代意义[N]. 中国艺术报，2017-11-29(003).
② 加快推进乡村振兴[N]. 人民日报，2021-2-24(001).

二、选题的背景、意义

(一)选题的背景

1. 国家大力推进乡村发展，乡村振兴成为新时代国家的战略选择

近现代社会，特别是改革开放以来，市场经济条件作用下的劳动要素相对集中到城市，人们纷纷离开土地到城镇谋求生存和发展。据统计，2000 年中国自然村落总数为 363 万个，到了 2010 年，总数锐减为 271 万个，10 年时间就锐减了 90 万个。党的十九大报告指出，2013—2017 年，中国城镇化率年均提高一点二个百分点，八千多万农业转移人口成为城镇居民。近 15 年来，中国传统村落锐减近 92 万个，并正以每天 1.6 个的速度持续递减。实施乡村振兴战略是党的十九大做出的重大决策部署。乡村振兴的核心是产业兴旺、生态宜居和乡村文化繁荣。以乡村振兴战略统领未来国家现代化进程中的农业农村发展，是解决我国发展不平衡不充分问题、满足人民日益增长的美好生活需要的要求。① 乡村振兴战略不仅关系到乡村的发展和未来，而且关系到国家和民族的前途和命运。

2. 乡土文化变迁的背景下，民间文学艺术保护面临现实困境

与城市化进程相伴相随的不仅仅是乡村数量的减少、人口的流失，更表现为经济发展上的乏力、文化传承上的断档、创新发展动力上的不足。传统村落保护与发展面临的现实困境是现代化发展的必然结果。一方面，民间文艺因具有比较劣势，其价值被严重低估，并出现传承困境；另一方面，民间文艺因具有比较优势与现实价值，而被滥用与盗用，并出现侵权现象。现代社会无偿利用民间文学艺术资源，如一些商业主体对传统村落的民间文学艺术资源进行简单的加工和装饰，从而申请知识产权，获取经济利益。另外，国际资本对我国传统村落文化遗产资源的不公平商业行为已日渐凸显。传统村落在推进乡村振兴过程中，既面临国家政策倾斜、产

---

① 叶兴庆. 新时代中国乡村振兴战略论纲［J］. 改革，2008(1)：17.

业支持、人才保障等方面的重要机遇，也面临村寨空心化、文化削弱、资源外流等现实问题。新时期实现乡村振兴，统筹好城乡协调发展，传统村落机遇与挑战并存。

3. 文化成为新时期国际竞争的重要内容

文化是一个国家和民族的血脉和灵魂，传统文化的竞争是当今国际竞争的重要方面。目前，国际形势与环境正处于深刻变化期。由于经济全球化日益加深，当今世界各种文化交流交往、交融交锋日趋频繁。以美国为首的少数发达国家，正试图废弃或者阉割已有国际产权相关制度与规则，奉行单边主义和霸权主义。

国际社会正在经历百年未有之大变局。我国及发展中国家拥有丰富的民间文学艺术资源，以民间文学艺术资源产权保护为突破口，构建的科学合理的民间文学艺术产权保护制度，与美国正在酝酿的、"美国利益至上"、体现美国霸权主义和新殖民主义倾向的产权规则相抗衡，对促进发展中国家发展、促进人类命运共同体建设，具有重要意义。

长期以来，世界知识产权组织、联合国教科文组织等国际组织一直在研究和讨论传统知识和民间文学艺术等传统文化保护国际政策与法律方案。如能尽快研究制定和施行民间文学艺术保护政策与法律，就有利于我国在国际政治舞台上发出"中国声音"，制定和推行民间文学艺术保护的"中国方案"，还可以对美国"贸易霸凌"和"知识产权霸凌"政策予以回击。

4. 乡村振兴战略下，民间文学艺术的传承与保护面临新的历史性机遇

传统村落是资源富集区、生态屏障区、文化特色区，在长期发展的过程中形成了大量的珍贵文化积淀，包括人文、自然旅游景观和自然产物以及大量附着其上的各种无形资产。这里汇聚了丰富的民间歌舞与音乐，保存着具有相当技艺水准和艺术元素的特色建筑和手工艺术品，流传着形式多样内容跌宕的民间歌谣、故事和传说。这些知识和技艺是"传统部族"在其历史生活中创造的知识、经验、技术、诀窍的总和，大都具有"圣境"性、经验性、整体性，与环境要素的兼容性、另类的科学性及权利主体的

群体性，权利客体的公开性、历史性以及经济利益的未实现性等法律特征。它们是各族群众在长期的生产和生活实践中形成并流传下来的智力成果总和，是村寨居民认识世界和解释世界的表达方式。乡村振兴战略的实施为民间文学艺术的传承与保护、转化与发展提供了历史性机遇。

(二)选题的意义

1. 有助于乡村振兴战略的推进和实施

2018 年 1 月，中共中央、国务院发布《关于实施乡村振兴战略的意见》，提出了目标任务、基本原则和若干重大决策措施。2018 年 9 月，中共中央、国务院印发《乡村振兴战略规划(2018—2022 年)》，提出按照产业兴旺、生态宜居、乡风文明、治理有效、生活富裕的总要求，对实施乡村振兴战略做出阶段性谋划。2021 年 4 月，《乡村振兴促进法》实行。民间文学艺术是传统村落拥有的重要经济、生态与文化资源，对乡村产业兴旺、环境保护、乡村文化建设具有重要作用。民间文学艺术保护与合理利用，是我国实施乡村振兴战略、促进乡村发展的重要途径和重要内容。

民间文学艺术产权保护制度的构建与完善，可以明确乡村地区对传统资源的要素产权。对民间文学艺术的产权保护，可以使我国广大乡村地区，对自身民间文学艺术享有控制权，促进相关文化产业发展和相关文化公共品供给，为乡村文化发展创造条件。

2. 有助于各族群众增强铸牢中华民族共同体意识的自信和自觉

增进民族团结是我国各族人民的共同愿望，而文化认同是民族团结的根脉。十八大以来，习近平总书记立足世情国情，统揽国内国际两个大局，统筹党和国家事业发展全局，多次提出要铸牢中华民族共同体意识。①党的十九大将"铸牢中华民族共同体意识"写入党章，开辟了马克思主义民

---

① 杨胜才. 民族院校铸牢中华民族共同体意识的价值意蕴、方法路径与保障体系[J]. 中南民族大学学报，2020(5)：17.

族理论中国化的新境界。①"一部中国史，就是一部各民族交融汇聚成多元一体中华民族的历史"，要"坚持促进各民族交往交流交融，不断铸牢中华民族共同体意识；坚持文化认同是最深层的认同，构筑中华民族共有精神家园"。② 民间文学艺术承载着中华民族的文化认同，蕴含了丰富的思想观念、人文精神和道德规范，是极具特色的中华民族的文化符号，也是在各族群众中增强铸牢中华民族共同体意识自信自觉的重要文化载体。保护和利用好民间文学艺术是铸牢各族群众中华民族共同体意识的重要路径。

3. 有助于国家"一带一路"倡议的推进

实施"一带一路"倡议应当文化先行。在当今的世界舞台，民间文学艺术作为"中国"符号的价值不断被开拓。在"一带一路"倡议的背景下，传统手工艺术品所蕴含的历史和文化基因将激起沿线邻邦国家对亚洲文化历史源流和精神文明共同体的认识，唤起人民对友好邻邦历史的"集体记忆"。③ 在"一带一路"倡议下，民间文学可以成为对外文化传播的重要载体，可以打造为中华文化的国际表达。"一带一路"倡议下，完善民间文学艺术法律保护体系，明确民间文学艺术产权，是传承发展中华优秀传统文化的制度基础，对传承发展中华优秀传统文化具有重要意义和价值。

4. 有助于中华优秀传统文化的传承和保护

中华优秀传统文化凝聚着中华民族最深沉的精神追求，代表着中华民族独特的精神标识，是中华民族生生不息、发展壮大的丰厚滋养。民间文学艺术是各族群众对世界和自身的历史认识和现实感受，是最深层次的精神追求和行为准则。民间文学艺术是中华传统文化的重要组成部分，它们根植于中国特色社会主义的文化沃土，代表了当代中国发展的突出优势，

---

① 丁颖. 铸牢中华民族共同体意识的文化路径[N]. 中国民族报，2020-10-2(005).

② 习近平. 在全国民族团结进步表彰大会上的讲话[N]. 人民日报，2019-09-28(001).

③ 宋眉. 传统文化艺术资源的当代转化[M]. 杭州：浙江大学出版社，2019：154.

对延续和发展中华文明、促进人类文明进步发挥着重要作用。课题的推进对我国传统文化的保护具有积极意义。

三、研究内容

本文除绪论和结论外共分为五个部分。

第一章民间文艺的概念界定及我国乡村振兴战略的实施。本书所指的民间文学艺术，包括民间音乐、民间舞蹈、民间美术、传统设计等。对民间文学艺术的概念界定和乡村振兴战略的内容梳理是研究和推进乡村振兴战略下民间文学艺术法律保护研究的逻辑起点。

第二章乡村振兴视角下民间文艺法律保护的价值分析。民间文学艺术保护与合理利用，是我国实施乡村振兴战略、促进民族乡村发展的重要途径和重要内容。民间文学艺术保护的知识产权保护机制、非物质文化遗产保护机制对乡村的经济、文化、科技、教育等各方面具有较强的正向激励作用。民间文学艺术保护是实现乡村文化繁荣的重要途径，文化振兴是乡村振兴战略的实质内容之一，乡村振兴视角下民间文学艺术的法律保护具有较强正当性。

第三章乡村振兴视角下民间文艺法律保护现状及不足。非物质文化遗产保护制度和知识产权制度是保护民间文学艺术的重要制度设计。根据国内大多数学者的著述，民间文学艺术的产权保护模式主要有综合保护模式、特别权利保护模式、著作权保护模式、合同保护模式与路径等。从立法及司法保护以及我国民间文学艺术传承与保护的实际出发，我国民间文学艺术法律保护制度存在缺少明确法律依据、公益诉讼运用不充分等现实问题。乡村振兴视角下，民间文学艺术在人才、产业、文化传承和互联网应用等方面面临现实困境。

第四章民间文艺保护立法模式的选择与借鉴。《发展中国家版权突尼斯示范法》《班吉协定》和《新班吉协定》等都主张在著作权法体系中对民间文学艺术作品进行保护。1982 年《示范法》和《保护传统文化表现形式：条款草案》(2019)就特别权利制度模式下保护民间文学艺术进行了立法探索。

在上述国际条约主导下形成了"著作权立法模式"和"特别权利立法模式"等众多理论成果与实践经验,为我国提供了制度借鉴。

第五章乡村振兴视角下民间文艺法律保护体系的构建。乡村振兴视角下民间文艺法律保护体系的构建就是要以文化多样性、文化可持续发展及文化安全为理念,完善非物质文化遗产保护制度和知识产权保护制度,构建保护民间文艺促进乡村文化振兴产权规则,同时要强化村民权利意识的培育、确定诉讼主体、引入公益诉讼制度。

四、研究方法

(一)文献研究法

文献研究法是学术研究的基本方法。对许多问题的考察与研究,需要借助文献资料进行梳理和分析。如果不梳理大量的、有效的文献资料,许多问题的研究将无法充分展开。对民间文学艺术的产权保护,联合国环境规划署、世界知识产权组织、联合国联农组织等国际组织,非洲知识产权组织、安第斯同盟等地区性国际组织,印度、巴西、秘鲁等国家,推出了一些国际条约、地区性国际条约及国内法,还有很多颇有分量的研究报告。我国也制定发布了与民间文学艺术保护有关的法律、法规、规章等规范性文件。这些对于我们全面了解乡村振兴视域下民间文学艺术保护问题具有非常重要的作用。

(二)田野调查法

由于本书具有一定的现实性和应用性,因而仅仅局限于对文献材料的分析根本无法完全反映现实状况,也无法解决我国乡村振兴建设与民间文学艺术产权保护过程中存在的制度短缺、制度梗阻和制度偏差等问题。因此,课题组将充分利用调研手段,采用普查与抽样调查、个案调查相结合,实地调查与问卷调查相结合的方式开展研究工作。通过民族学、人类学的田野调查,发掘、记述和分析民族村寨民间文学艺术传承和保护现状。应用口述史记述、深度访谈、话语分析、文本写作等技术，将区域因素和民族因素相结合，选取广西、内蒙古、湖南、湖北等地的传统村寨进行实地调研。

（三）历史研究法

历史研究法是指运用历史资料，按照时间顺序分析客观事物和社会事实发生、发展规律的方法。这一方面是因为客观事物和社会事实是发展、变化的，分析客观事物和社会事实应当对其历史进程予以梳理，才能正确地审视其现状，揭示其未来趋势，把握其本质属性与规律；另一方面则是因为问题的出现，往往存在其历史根源，只有追根溯源，才能弄清其来龙去脉，才能够准确地判断、分析问题并提出有效的解决方案。乡村的建设和发展是一个历史性话题，民间文学艺术更是千百年来人类积淀的宝贵财富，历史研究方法对课题研究具有积极意义。

（四）比较研究法

比较研究法是法学的基本研究方法。对两个或两个以上有联系的事物进行比较，考察其异同，有利于探求其规律。运用比较研究法有助于摆脱经验主义或主观主义所带来的认识偏差，能更为全面地了解相关信息，加深对研究对象的认识，从而有利于发现新问题，提出新对策。本书意在通过对有关传统资源国际条约等"硬法软法"、地区性国际条约、重要国家法律文本等进行深入比较研究，揭示该制度确立的一般性规律，从而论证中国民间文学艺术保护制度的历史必然性和逻辑合理性。

第一章 民间文艺的概念界定及我国乡村振兴战略的实施

农业、农村、农民问题是关系我国国计民生的根本性问题，广大农村地区经济社会的和谐发展是国家、社会的稳定器和蓄水池。谋求善治和追求文明，是人类社会梦寐以求的发展方向和价值选择，贯穿于一切文明国度的历史进程中。① 党的十九大做出了实施乡村振兴战略的重大决策部署。民间文学艺术是我国推进乡村振兴战略的重要资源和宝贵财富，是中华民族古老的文化记忆和传承基因，是乡村文化建设、确保乡风文明的重要无形资源。对民间文学艺术的概念界定和我国乡村振兴制度的梳理是研究乡村振兴战略视角下民间文艺法律保护的逻辑起点。

第一节 民间文艺相关概念界定

一、民间文艺的界定

村寨孕育了丰富的民间文学艺术，具有重要的文化价值，这些文化资源是不同的文化积淀，反映了人类社会悠久历史所形成的文化传统，代表了原生态的、鲜活的文化。《辞海》将"民间文学艺术"定义为民间集体口头创作、口头流传，并在流传中不断有所修改、加工的文学形式，包括民

---

① 陈松友，卢亮亮. 自治、法治与德治：中国乡村治理体系的内在逻辑与实践指向[J]. 行政论坛，2020(1)：29.

歌、民谣、神话、传说、故事、歌谣、谜语、平话、谚语、说唱、戏曲等形式。① 《现代汉语大辞典》这样解释民间艺术：民间艺术是劳动人民直接创造的，或在劳动群众中广泛流传的艺术，包括音乐、舞蹈、造型艺术、工艺美术等。② 上述两种解释相结合则构成了汉语中"民间文学艺术"的通常含义。

国际社会对民间文学艺术有多种解释，1959 年《芬克和瓦格纳尔民间文艺标准词典》列举了 21 种之多。民间文学艺术及其表达的内涵与外延仍存在多种解释，并不存在一个普遍接受的定义。民间文学艺术的法律界定最早见于联合国教科文组织（UNESCO）与世界知识产权组织（WIPO）于 1976 年共同制定的《发展中国家版权突尼斯示范法》（以下简称《突尼斯版权示范法》），1982 年《保护民间文学艺术表达形式，防止不当利用及其他侵害行为的国内法示范条款》不再使用版权法上的"作品"概念，而是将其界定为民间文学艺术表达。此后，学者们多从这一概念出发来理解和研究民间文学艺术。

世界知识产权组织（WIPO）界定的"传统文化表达"（traditional culture expressions），是指一国国民或某个社会群体在长期的历史发展过程中创作的，并世代相传的歌谣、音乐、故事、舞蹈、神话、礼仪、习俗、公益美术、建筑等智力成果。世界知识产权组织对于传统知识的理解经历了从广义传统知识向狭义传统知识的精确化认识过程。③ 1989 年《保护民间创作的建议案》将民间文学艺术作狭义界定，指来自某一文化社区的全部创作，这些创作以传统为依据，由某一群体或一些个体所表达并被认为是符合社区期望的文化和社会特征的表达形式；它的准则和价值通过模仿或其他方

---

① 夏征农，陈至立. 辞海（第六版）[M]. 上海：上海辞书出版社，2010：2729.

② 阮智富，郭忠新. 现代汉语大辞典[M]. 上海：上海辞书出版社，2009：2420.

③ 世界知识产权组织最初将传统知识作为一个上位概念来使用，其涵盖了产业领域的技术性知识和民间文学艺术表达，此后将传统知识定义为传统社区里的技术知识，不再包含民间文学艺术。

式口头相传。① 国际层面上，1967 年《保护文学和艺术作品伯尔尼公约》（以下简称《伯尔尼公约》）、1996 年《世界知识产权组织表演与录音制品条约》以及 1982 年《保护民间文学艺术表达形式，防止不当利用及其他侵害行为的国内法示范条款》等国际"软法"均涉及民间文学艺术的产权保护。

我国学术界对民间文学艺术（folklore）内涵的界定，主要有"狭义说"、"广义说"和"超广义说"三种观点。"狭义说"把民间文学艺术限定于文学与艺术范畴。"广义说"在"狭义说"的基础上增加了"语词、标记、名称与符号"。"超广义说"认为，民间文学艺术不仅包括文学艺术领域的智力成果和传统名号等传统文化符号，还包括更广泛的智力成果。我国《著作权法》承认民间文学艺术作品的著作权。文化部门在一些传统文化保护政策与地方性法规中常常使用"民族民间文化"这一术语。民间文学艺术是我国各族人民创造、传承的独特的智力劳动成果。从语义角度看，民间文学艺术是指体现各民族传统文化价值、作为其传统文化组成部分、具有商业价值的各种有形及无形的资财或者资源。特色村寨在产业结构、民居式样、村寨风貌以及风俗习惯等方面都集中体现了地区经济社会发展特点和文化特色，集中反映了各村落在不同时期、不同地域、不同文化类型中形成和演变的历史过程，相对完整地保留了各劳动群众的文化基因，凝聚了各民族文化的历史结晶，体现了中华文明多样性，是传承民族文化的有效载体，是传统村落加快发展的重要资源。②

为避免研究范围过于宽泛的问题，本书对民间文学艺术概念的界定，采用狭义范围，即民间文学艺术是指我国各民族村寨或者个人创造并维持或者发展的、反映有关村寨或者整个中华民族传统文化特色的有形或者无形的文学艺术智力成果，包括：民间文学、民间音乐、民间舞蹈与其他动

---

① 李磊. 从著作权法的视角看民间文学艺术作品的法律保护[J]. 湖北民族学院学报（哲学社会科学版），2004（5）：91.

② 国家民委. 关于印发少数民族特色村寨保护与发展规划纲要（2011—2015 年）的通知[EB/OL].（2012-12-10）.［2017-04-11］. http://www.seac.gov.cn/art/2012/12/10/art_149_172616.html.

作表达形式，如民间曲艺、民间戏曲、民间美术等。与传统文化相关的伦理道德、思想学术、宗教信仰，以及民族医药、生物遗传资源、传统知识等概念与民间文学艺术存在一定程度关联，但不属于本书的研究范畴。

二、民间文艺与相关概念的比较

（一）民间文艺的上位概念

1. 非物质文化遗产

"非物质文化遗产"的概念是与"物质文化遗产"相比较、相对应而提出的，它来源于《保护非物质文化遗产公约》，英文表述为"Intangible Cultural Heritage"，翻译成中文为"非物质文化遗产"。

1950 年，日本政府出台《文化财保护法》。该法第 2 条第 2 款提出："在我国历史、艺术方面具有较高价值的戏剧、音乐、工艺技术及其他无形的文化载体。"此条款是对无形文化财产提出的保护。它所界定的这些客体，后来也成为非物质文化遗产的重要组成部分。我国有学者认为，这或许是"非遗"术语的最早来源。① 20 世纪 70 年代，联合国教科文组织通过了《保护世界文化和自然遗产公约》，提出"世界文化遗产"的概念（英文表述为"Cultural and National Heritage"），将符合公约规定的文物、建筑群、遗址纳入保护范围。1989 年 10 月，联合国教科文组织第 25 届大会通过了《保护民间创作的建议案》，提出"民间创作（民间传统文化）"的概念（英文表述为"Traditional Culture and Folklore"）。1998 年联合国教科文组织起草的《世界文化发展报告》，对文化遗产作了"物质遗产"和"非物质遗产"的区分。同年 11 月，联合国教科文组织通过了《宣布"人类口头和非物质遗产代表作"条例》，对"非物质"进行了定义，同时制定了人类口头及非物质遗产代表作的评审规则。2000 年 6 月，在联合国教科文组织巴黎总部，首次召开口头和非物质文化遗产代表作评委会议，正式发起设立"代表作名

---

① 王文章. 非物质文化遗产概论[M]. 北京：文化艺术出版社，2006：151.

录",并为会员国申报工作制定了《申报条例指南》。2001 年启动申报工作。有学者认为,联合国教科文组织对非物质文化遗产的关注经历了一个渐进的过程,从最初的民间文学艺术(folklore),到非物质遗产(non-physical heritage),再到口头和非物质遗产(oral and intangible heritage),最后到非物质文化遗产(intangible cultural heritage)。①

在世界各国的共同努力下,联合国教科文组织于 2003 年 10 月 17 日通过了《保护非物质文化遗产公约》。《公约》通过概括和列举的方式对非物质文化遗产进行了定义。《公约》第 2 条认为,非物质文化遗产指被各社区、群体,有时为个人,视为其文化遗产组成部分的各种社会实践、观念表达、表达形式、知识、技能及相关的工具、实物、手工艺品和文化场所。这种非物质文化遗产世代相传,在各社区和群体适应周围环境以及与自然和历史的互动中,被不断地再创造,为这些社区和群体提供认同感和持续感,从而增强对文化多样性和人类创造力的尊重。非物质文化遗产具体包括五方面的内容:(1)口头传说和表述,包括作为非物质文化遗产媒介的语言;(2)表演艺术;(3)社会风俗、礼仪、节庆;(4)有关自然界和宇宙的知识和实践;(5)传统的手工艺技能。

21 世纪初,我国政府充分意识到非物质文化遗产保护工作的重要性和迫切性,成为联合国教科文组织《保护非物质文化遗产公约》的缔约国之后,在借鉴国际组织和国外非物质文化遗产保护经验的基础上,确定了我国非物质文化遗产保护的目标和方针,开展系统的非物质文化遗产普查工作,建立非物质文化遗产的名录体系。我国"昆曲""古琴艺术""新疆木卡姆艺术"和中蒙联合申报的"长调民歌"成功入选联合国教科文组织"人类口头与非物质遗产代表作"名录。2011 年,我国制定了《非物质文化遗产法》。该法第二条将非物质文化遗产界定为"世代相传并作为文化遗产的组成部分的各种传统文化的表现形式,及与其相关的实物和场所"。十余年

---

① 李墨丝. 非物质文化遗产保护国际法制研究[M]. 北京:法律出版社,2010 (2):57.

来，随着非物质文化遗产保护宣传力度不断加强，我国政府不仅出台了相关扶持和奖励政策，还成立了专门机构开展这项工作，我国非物质文化遗产保护工作取得了长足进步。

2. 广义传统知识

传统知识作为一个国际术语已经被国际社会广泛讨论和使用。由于世界各国和国际组织关注的重点不同，利益诉求也存在差异，使其在不同领域有着不同的描述。但目前国际社会尚未形成统一的、被各方广泛接受的概念界定方式。学术界对于传统知识的定义存在狭义和广义的划分。

广义的"传统知识"所涉及的内容非常广泛，涵盖了民间文学、技术类知识、医药知识以及基因资源等内容。① 西南民族大学张澎认为，原住民族传统知识及其资源除去民族民间文学外，还包括民族信物无形资产、原住民族聚居地人类及自然特征资源无形资产、原住民族特征传统知识资源。惹格文（Srividhya Ragavan）认为，传统知识是指一个或多个社区的传统部族所拥有的以一种或多种形式体现的知识，包括但不限于民间文学、艺术、舞蹈和音乐、医药和民间验方、生物多样性、植物知识和植物品种保护、手工艺品、图案设计等。② 也有学者认为，传统知识可以是传统知识持有人所声称的任何知识。③ 肯尼亚的《传统知识与文化表达保护法》将传统知识界定为：来自个人、地方社区或者传统社区的智力活动及源于传统背景的诀窍、技能、创新和习惯性做法，包含于世代积累的知识体系之中，包括农业、环境或医学知识、与遗传资源或生物多样性有关的知识、传统建筑与施工技术、设计标志等。④ WIPO 定义下的传统知识同样较为宽泛。WIPO 制定的《保护传统文化表现形式：条款草案》认为，传统知识

---

① 李明德. TRIPS 协议与《生物多样性公约》、传统知识和民间文学的关系［J］. 贵州师范大学学报（社会科学版），2005（1）：121.

② 严永和. 论传统知识的知识产权保护［M］. 北京：法律出版社，2006：16.

③ Jonathan Curci. The Protection of Biodiversity and Traditional Knowledge in International Law of Intellectual Property［M］. Cambridge University Press，2010：16.

④ 参见肯尼亚《传统知识与文化表达保护法》第 2 条。

是源自土著人民、当地社区和其他受益人的知识，充满活力、不断发展，是在传统环境下，或来自传统环境的智力活动、经验、精神手段或洞见的结果，可能与土地和环境有联系，包括诀窍、技能、创新、做法、教导和学问。传统知识的种类包括农业知识、科学知识、技术知识、生态知识、医疗知识，有关生物多样性的知识，民间文学艺术表达包括音乐、舞蹈、歌曲、手工艺、设计、传说和艺术品等形式，语言的要素如名称、地理标志及符号，以及其他可移动的文化财产。国际组织、地区和各国学者对传统知识给予广义的定义，扩宽了传统知识的范围，但也影响了传统知识概念的精确化设定。

3. 传统文化资源

"传统"英文为"Tradition"，来源于拉丁语 traditio(让渡)，动词的名词形式为"traderd"或"traderer"，其字面意思是传输、传播(transmit)，还有交出、移除(hand over)、保管(give for safekeeping)的意思，最初出现于罗马法中，意指合法转让(legal transfers)和继承(inheritance)。① "传统"这一术语指与土地密切相关的原住民和当地社区珍爱的经验、信仰、习惯、知识及文化遗产;② 也有学者认为，现代意义上的"传统"是指"历代相传的东西，即过去延传到现在的事物，包括物质物品，关于各种事物的观念思想，对人物、事件、习俗和体制的认知"。③ "传统"包含了较强的时间因素，与"现代"相对应;暗含时间的长期性、更迭性及主体的承继性三个方面。④ 希尔斯是美国著名的社会学家，其认为世代相传的事物即为"传

① Anthony Gidddens. Runaway world：How globalization is reshaping our lives［M］. Taylor & Francis，2003：39.

② ［美］达里尔·A. 波塞，格雷厄姆·杜特费尔德. 超越知识产权——为原住民和当地社区争取传统资源权利［M］. 许建初，等，译. 昆明：云南科技出版社，2003：7-8.

③ ［美］爱德华·希尔斯. 论传统［M］. 吕乐，等，译. 上海：上海人民出版社，1991：11.

④ 陈庆. 论中医药传统知识的知识产权属性——以社区地域性为视角［J］. 广西大学学报(哲学社会科学版)，2016(3)：29.

统",也可以认为是任何从古代传至现代的东西,① "是土著居民在世代生产生活中传承下来的必不可少的要素,无论历经多久,这些要素如何变化,均可辨认,并在持续传承中几乎相同"。②

英文中的文化即 culture,源于拉丁语 cultura 和 colere,原意是耕种、培育的意思。最初"文化"是一个农业术语,意为通过人工劳作,对自然界的动植物加以管照、驯化、培养,使其成为人类需要的物种,后引申到人对人、自然(物)之间关系的培养、教化等活动。③ "文化"一词在不同的学科中和不同的背景之下有着不同的含义,常常用来指社会的"高文化",也指一个社会的全部生活方式,包括价值观、习俗、象征、体制及人际关系等。④ 联合国教科文组织将文化定义为"某个社会或某个社会群体特有的精神与物质、智力与情感方面的不同特点的总和"。我国学者对传统文化的定义有 260 种之多。⑤ "资源"是指其最广泛的意义,即所有的知识和技术、审美及精神品质、有形的和无形的资源,它们被当地社区认为是现在和将来几代人维持健康和完整生活方式的保证。⑥ 从财产法角度看,传统文化资源可以分为知识性、智慧性传统资源和非知识性、非智慧性传统资源。

(二)民间文艺的同位概念

1. 狭义传统知识

学者严永和认为狭义的传统知识是指"传统部族在其漫长的生产生活

---

① [美]爱德华·希尔斯. 论传统[M]. 傅铿,吕乐,译. 台北:台北桂冠图书股份有限公司,1992:14.

② Kirsch Stuart. Lost Worlds:Environmental Disaster,"Culture Loss," and the Law [J]. Current Anthropology,2001(42):21.

③ 谭东丽. 少数民族非物质文化遗产的法律保护研究[M]. 长春:吉林大学出版社,2018:15.

④ 塞缪尔·亨廷顿,劳伦斯·哈里森. 文化的重要作用:价值观如何影响人类进步[M]. 程克雄,译. 北京:新华出版社,2010:91.

⑤ 严永和. 论传统知识的知识产权保护. 北京:法律出版社,2006:50.

⑥ 达里尔·A. 波塞,格雷厄姆·杜特费尔德. 超越知识产权——为原住民和当地社区争取传统资源权利[M]. 许建初,等,译. 昆明:云南科技出版社,2003:7-8.

过程中创造的知识、技术、诀窍的总和"。①陈杨博士认为："传统知识是指土著人民、传统社区或者其他传统知识持有人的诀窍、技能、创新、做法、教导和学问。"②《生物多样性公约》中并没有直接使用传统知识这一术语，而是将传统知识界定为"土著和地方社区体现传统生活方式而与生物多样性的保护和持久使用相关的知识、创新和做法"。1999 年 12月，来自玻利维亚、哥伦比亚、厄瓜多尔、尼加拉瓜、秘鲁五个拉丁美洲及加勒比地区国家在向世界卫生组织提交的有关《土著社区传统知识知识产权权利保护》提案中，传统知识被界定为："由社区、自然人或法人生产或保存的创新及文化表达形式。"另外，还有一些近似的概念用以形容传统知识包含的客体。如联合国人权理事会使用"土著人遗产"。联合国人权委员会将土著人在传统生活过程中所产生的相关知识称为土著传统知识，包括土著人直接的智力成果和土著人的历史、自然遗产。联合国教科文组织则使用"土著居民遗产"一词，包含文学及艺术创造，科学、医药等知识；以上述知识为基础的创新；人的遗骸；不可移动的文化遗产。"传统知识"不仅是一种知识，还是一种资源，包含的内容十分宽泛。各国际组织关注的重点不同，各国也都基于本国传统知识的实际状况和特点，做出了对本国有利的定义，进而导致传统知识目前尚未形成公认的、统一的界定。

2. 生物遗传资源

生物遗传资源是世界生物多样性的重要组成部分，是整个人类的共同财富。生物遗传资源是指携带有遗传信息，具有实际或潜在经济、环境等价值的动植物物种、微生物物种和"种"以下的分类单位如亚种、变种、品系等及其遗传材料，包括器官、组织、细胞、染色体、基因、DNA、RNA 等所有含有生物遗传功能单位的遗传物质。遗传资源是生物

① 严永和. 传统知识的新颖性分析[J]. 贵州师范大学学报(社会科学版)，2006(1)：121.

② 陈杨. 论传统知识的国际法律保护[D]. 长沙：湖南师范大学，2017.

多样性的重要组成部分，是整个人类的宝贵财富。遗传资源的保护关系到"地球村"每个人的根本利益，直接影响和决定地球生物资源的未来发展。对于遗传资源的界定，不同国际组织基于不同的利益考察，不同国家基于有差别的国情，不同学者基于研究角度的差异，给与生物遗传资源不同的界定。

生物遗传资源概念的界定经历了由人类共同遗产说向国家主权理论的转变。"人类共同遗产"起源于联合国 1976 年《关于各国探索和利用外层空间包括月球与其他天体活动所应遵守原则的条约》、1982 年《海洋法公约》等一系列国际"硬法"或者"软法"对国际海空区域及其资源的定性与定位。为了维护和促进粮食科技、种子科技的发展以及粮食安全，1983 年联合国粮农组织（FAO）推出《粮食与农业植物遗传资源国际行动纲领》，把粮食与农业植物遗传资源界定为人类共同遗产。① 遗传资源被纳入公共领域，成为发达国家向发展中国家进行资源掠夺的对象。1992 年缔结的《生物多样性公约》确定了遗传资源的新型财产权，对于传统资源的保护发展具有里程碑式的重要意义。《生物多样性公约》在第二条中规定，遗传资源是指具有实际或潜在价值的遗传材料，而"遗传材料"则是指"来自植物、动物、微生物或其他来源的任何含有遗传功能单位的材料"。② 基于《生物多样性公约》的新型遗传资源财产权，遗传资源概念的界定经历了从人类共同遗产到遗传资源生产资料属性所有权和利益分享权嬗变的历史逻辑。世界粮农组织（FAO）在《粮食和农业植物遗传资源国际条约》中将"粮食和农业植物遗传资源"定义为：来源于植物的对于粮食和农业具有世纪或潜在价值的任何遗传材料；将"遗传材料"定义为任何来源于植物并含有遗传性功能单位的材料，包括再生和植物繁殖材料。该条约的目标是实现可持续的农业和粮食安全，因此，将国际农业研究磋商小组所属各国际农业研究中心以及其他国际机构持有的粮食和农业植物遗传资源非原生境收集品纳入了

---

① 严永和. 遗传资源财产权演进的历史逻辑[J]. 甘肃政法学院学院，2013(1)：101.

② 参见联合国《生物多样性公约》(1992 年)。

该条约的适用范围，其所涉及的遗传资源和传统知识的适应范围也相应扩大。① 除此之外，世界上诸多国家为了加强对其境内的生物遗传资源的保护，在收集、整理、研究保护生物遗传资源方面做出了巨大努力，《国际植物保护公约》《国际植物新品种保护公约》《濒危野生动植物种国际贸易公约》等系列保护与生物多样性相关的国际公约先后缔结。《生物多样性公约》等国际条约对世界各国遗传资源保护立法产生了深远影响，一些发展中国家纷纷在此基础上，结合国家保护的需要和实际对遗传资源进行了概念界定。

哥斯达黎加和巴西就在《生物多样性公约》的基础上，对遗传资源进行了扩大解释，包括保护范围和保护力度的加强。哥斯达黎加在 2003 年《生物多样性遗传和生化成分与遗传资源获取通则》中规定，"遗传资源"是指含有遗传功能单位、传统上由农民和植物、动物育种者管理或创新，并由现代生物技术程序调查或开发，具有实际或潜在价值的生物的任何材料。② 巴西将在国家领土、大陆架和专属经济区上发现、收集后移地保存的遗传资源也纳入保护范围。巴西《保护生物多样性和遗传资源暂行条例》第 7 条指出："遗传资源，是指包括在全部或部分植物、真菌、细菌，或动物，以及衍生于上述生物活体的新陈代谢和上述生物体以及分子和物质形式存在的活体或死体萃取物标本中的遗传起源信息。"③印度《生物多样性法》指出，"生物资源"是指人类具有实际或潜在用途或价值的植物、动物和微生物或其部分，遗传材料和副产品(不包括增值产品)，但不包括人类遗传材料。④ 将人类遗传材料排出遗传资源范围，主要出于道德伦理等方面的需要。

---

① 陈杨. ITPGRFA 中传统知识的农民权利保护模式研究[J]. 求索，2017(4)：91.

② 秦天宝. 国际与国外遗传资源法选编[M]. 北京：法律出版社，2005：17.

③ 秦天宝. 国际与国外遗传资源法选编[M]. 北京：法律出版社，2005：18.

④ 秦天宝. 国际与国外遗传资源法选编[M]. 北京：法律出版社，2005：18.

(三)民间文艺的下位概念

民间文学艺术是劳动群众在漫长的历史岁月里，积淀出的财富，这些原生态文化蕴涵着神秘的文化价值。民间文学艺术高度融合了人类的精神文明成果，囊括了最古老但也最鲜活的民俗民间文化精髓，是中华民族的精神植被和灵魂根脉。根据民间文学艺术的不同表现形式，民间文学艺术可以分为民间音乐、民间舞蹈、民间故事、传统设计等。其中，民间音乐是指民间歌曲、器乐等以音乐形式表达的作品；民间舞蹈以动作、姿势、表情等形式表达的艺术作品；民间故事包括民间故事、民间传说等艺术形式；传统设计主要包括传统手工艺、服饰、特色建筑等。

1. 民间音乐

民间音乐是反映各族群众本民族历史、文化、生活和地域特征的音乐形式，是在传统文化的基础上构建并发展起来的音乐品类。劳动群众热爱唱歌，劳动时歌唱、休息时歌唱，婚丧嫁娶、重大节庆时节都在歌唱。这些艺术形式大都浸染着不同民族的历史、社会情俗，体现着劳动群众勤劳、粗犷、纯朴、诚挚的情感。我国的民族民间音乐形式是人类社会中具有鲜明特色的艺术形式，是我国传统文化中的宝贵财富。

2. 民间舞蹈

民间舞蹈体现着各民族群众的风俗文化与精神内涵。民间舞蹈是各民族群众代代相传、从过往历史和文化中积累下来的，包含丰富肢体形态的舞蹈形式。它伴随着不同民族共同体的共同语言、共同地域、共同经济生活和共同心理素质形成的全过程，对各民族的社会与历史发展有着极其重要的作用，让我们从中了解到不同民族漫长的历史进程，具有极高的艺术价值和历史价值。我国的民间舞蹈形式多样，比如壮族的"蚂拐舞""赛铜鼓"、土家族的"茅谷斯""摆手舞"、瑶族的"长鼓舞"、傣族的"孔雀舞"、苗族的"板凳舞"、景颇族的"金再再"、朝鲜族的"僧舞"、藏族的"热巴"等。以土家族摆手舞为例，它是流传于鄂湘渝边区酉水流域土家族的一种祭祀舞蹈。摆手舞动作粗犷、健美，摆姿流畅、自然大方。其动作主要是

"单摆""双摆""回旋摆"，动作特点是"顺拐、屈膝、颤动、下沉"。甩同
边手、走同边脚则是区别于其他舞蹈的最主要特征。其舞蹈表现有"狩猎、
农事、军事、生活"等内容，间有锣鼓伴奏和摆手歌唱，是歌、乐、舞浑
然一体的民间艺术形式。它是伴随着土家族这一民族共同体的共同语言、
共同地域、共同经济生活和共同心理素质形成的全过程，对土家族的社会
与历史发展有着极其重要的作用，而且让我们从中了解到土家族漫长的历
史进程，具有极高的艺术价值和历史价值。

3. 民间传说

民间传说是以语言为表现形式的民间文学艺术，主要以民间故事和传
说为主。我国历史悠久、民族众多，不同版本的历史故事以传说的形式被
创作或流传出来。这些民间传说，一部分以现实生活中存在的人或物为基
础或原型，在漫长的历史过程中口口相传。一代又一代民间传说的传承人
在讲述传说故事的过程中，可能对原始版本的故事进行加工创作，增加故
事的悬念、冲突，逐渐融合一些与本事相关联的事件、人物、故事、情节
和细节。这些民间故事既包括对英雄人物的歌颂，也有劳动群众对家庭伦
理故事的描述，还包括对历史故事的描述。民间故事生成的主体是寻常百
姓的口述与创作，故事的种类涵盖了人生的百态，展示人们生活的写实与
创意，蕴含着智慧的力量。

4. 传统设计

传统设计是指原住民或村寨居民在长期的生产和生活实践中，与有关
产品或者物品的图案、外形、色彩或者与其结合所做出的，代代相传、反
映其传统科学意识、审美意识和文化内涵的"产品结构与外观"。① 传统设
计大都依靠手工劳作而制作完成，带有本地区和本民族艺术特征。传统设
计主要包括传统手工艺、服饰、特色建筑等。以民间手工艺为例，在不同
地区或者民族中间，其表现为不同的艺术形式。例如，在广西有壮族织

---

① 王景，周黎. 民族文化与遗传资源知识产权保护[M]. 北京：知识产权出版社
2012：79；严永和. 民间文学艺术的知识产权保护论[M]. 北京：法律出版社，2009：
291.

锦、绣球、傩戏面具、蜡染等手工艺形式。在新疆有印花布、毡毯、花帽、陶器、铜器制作等手工艺形式。在内蒙古有蒙古刀、鼻烟壶、皮雕、皮画等手工艺形式。这些传统设计是在长期的生产生活中创造的智力成果，是我国传统科技、经济与艺术智慧相结合的产物。

(四)几个概念间的关系

民间文学艺术、传统知识、非物质文化遗产、传统文化资源，这几个概念之间存在紧密的联系。

非物质文化遗产的客体较为广泛，包括传统知识、民间文学艺术、传统名称、风俗节庆，在几个概念中非物质文化遗产的范围最广泛。广义的传统知识是原住民和传统社区在世代生产生活中创造的"所有的知识和技术、审美及精神品质、有形和无形的资源"，是原住民族和传统社区创造的知识体系，① 涵盖了民间文学、技术类知识、医药知识等内容。传统文化资源可以分为知识性、智慧性传统资源和非知识性、非智慧性传统资源。上述三个概念是民间文学艺术的上位概念。一般情况下，适用非物质文化遗产、传统知识、传统文化表达的国际法律文本、国外立法实践、国内法律政策，对民间文学艺术法律保护均具有一定的现实指导意义。狭义的传统知识、生物遗传资源与民间文学艺术之间是并列关系，共同构成WIPO保护和研讨的主题内容，但狭义的传统知识、生物遗传资源并不列入本书研讨的内容。民间音乐、民间舞蹈、民间美术、民间手工艺等是民间文学艺术的下位概念，也是本文聚焦讨论的重点内容。

第二节　我国乡村振兴战略的制定及其实施

党的十九大做出实施乡村振兴战略的重大决策部署。乡村振兴战略是

---

① 达里尔·A.波塞，格雷厄姆·杜特费尔德. 超越知识产权——为原住民和当地社区争取传统资源权利[M]. 许建初，等，译. 昆明：云南科技出版社，2003：14-69.

党中央、国务院在全面建成小康社会决胜阶段的重要发展战略，对于解决"三农"问题、解决当前社会主要矛盾以及农业农村的发展，实现中华民族伟大复兴中国梦具有十分重大的现实意义和深远的历史意义。

一、乡村振兴战略的实施背景

中国共产党历来重视农村和农业发展。在中国共产党成立初期，就认识到农民对革命的重要性，积极帮助农民解决问题。中国共产党针对不同时期的实际情况，对政策进行调整，团结一切可以团结的力量，推动中国民主革命进程。新中国成立后，我们党仍然十分重视处理工农关系和城乡关系。由于新中国基础差、底子薄，常年战争消耗等，加之国家工业化建设任务繁重，农村农业发展水平一直处于低水平运行状态。党的十一届三中全会拉开了中国改革开放的序幕，我国农业和农村进入高度发展时期。20世纪80年代，农业农村几乎领跑了整个中国经济体制改革。[1] 进入20世纪90年代，以邓小平南方讲话和党的十四大召开为标志，农民收入水平获得大幅度提升。进入21世纪，随着我国综合国力的显著增强，人民生活水平的大幅度改善，农村农业获得持续发展。中国要强，农业必须强；中国要富，农民必须富。历史和实践经验表明，解决好农业和农村问题是实现国家富强和民族兴旺的前提。乡村振兴是相对于乡村衰落而言的，我国乡村振兴战略的提出源于我们党对我国乡村当前发展情况的精准判断，即我国乡村正在逐步走向衰落。新中国成立以来，我国农业产业发展尽管取得了重要成就，但农村地区经济社会发展仍然面临一系列问题。

一是空心化问题严重。市场经济条件作用下的劳动要素相对集中到城市，中国城镇化率逐年提升。鸿沟明显的城乡二元结构仍是当前我国发展面临的最大结构性问题，比如城乡居民收入差距依然较大。城市的华丽蜕变换来的却是乡村的衰落。在广大农村，很少有20~30岁的年轻人留在村

---

① 刘儒，刘江，王舒弘. 乡村振兴战略：历史脉络、理论逻辑、推进路径[J]. 西北农林科技大学学报(社会科学版)，2020(2)：59.

里务农。大量的乡村青壮年劳动力不断流向城镇，村子里剩下的大多是老人、妇女、留守儿童，这导致乡村建设主体的缺失。

二是乡村文化衰退。乡村文化是村寨农民在世代的生产生活实践中所形成的经验、知识、审美和价值观念。农村人口流失导致文化传承上的断档、创新发展动力上的不足，村落所承载的民族文化元素也在迅速消失。乡村文化衰落的本因是经济社会发展之后，乡村农民对乡村文化失去了自信，因而急于摆脱自己的农民身份。与文化衰退相伴的是乡村经济发展滞后。当前，农村地区经济发展问题仍然是我国整个国民经济中的短板。我国农业农村基础差、底子薄、发展滞后的状况尚未发生根本改变。

三是乡村生态治理问题突出。以增产、增收为主要目标，乡村农业生产中化肥和农药等化学物品的使用量居高不下，导致土壤板结、有机质降低，农业生态系统更加脆弱，生态平衡遭到破坏。农村地区焚烧秸秆现象大量存在，造成空气的严重污染。近年来，高耗能、重污染、治理难的企业逐渐迁移到农村，这些以自然资源和环境为代价的经济发展，实质上是对农村生态资源的消耗和掠夺。另外，我国农村农业发展面临巨大挑战。从国际环境看，国际农产品贸易不稳定性不确定性仍然突出，提高我国农业竞争力、妥善应对国际市场风险任务紧迫。从国内形势看，随着我国经济由高速增长阶段转向高质量发展阶段，以及工业化、城镇化、信息化深入推进，乡村发展将处于大变革、大转型的关键时期。

二、乡村振兴战略的制定

村寨是特殊的乡村形态，是实施乡村振兴战略的重要组成部分。党的十九大后，乡村振兴战略成为新时代国家发展的战略性选择。2017年10月18日，习近平总书记在中国共产党第十九次全国代表大会上所作的报告《决胜全面建成小康社会　夺取新时代中国特色社会主义伟大胜利》中明确提出实施乡村振兴战略，指出："要坚持农业农村优先发展，按照产业兴旺、生态宜居、乡风文明、治理有效、生活富裕的总要求，建立健全城乡融合发展体制机制和政策体系，加快推进农业农村现代化。"①我国乡村振兴战略自此拉开了历史序幕。

实施乡村振兴战略，是以习近平同志为核心的党中央着眼党和国家事业全局，深刻把握现代化建设规律和城乡关系变化特征，顺应亿万农民对美好生活的向往，是推进中国现代化事业的重要举措。② 以习近平同志为核心的中央领导集体高度重视乡村振兴战略的实施，多次在不同会议或工作中就战略的制定和推进进行部署。在 2017 年 12 月中央农村工作会议上，习近平总书记强调实施乡村振兴战略是新时代"三农"工作的总抓手，要求"党委和政府一把手是第一责任人，五级书记抓乡村振兴"，指示"要建立市县党政领导班子和领导干部推进乡村振兴战略的实绩考核制度"。2018 年 1 月，中共中央国务院发布《关于实施乡村振兴战略的意见》，提出了目标任务、基本原则和若干重大决策措施，对全国实施乡村振兴战略作了全面部署。2018 年 3 月 8 日，习近平总书记在十三届全国人大一次会议山东代表团参加审议时就实施乡村振兴战略发表重要讲话，明确提出"五个振兴"的科学论断，即：乡村产业振兴、乡村人才振兴、乡村文化振兴、乡村生态振兴、乡村组织振兴。③ 2018 年 9 月，中共中央国务院印发《乡村振兴战略规划（2018—2022 年）》，提出了推进乡村振兴计划的 22 项具体指标，其中约束性指标 3 项、预期性指标 19 项，首次建立了乡村振兴指标体系。2018 年 12 月 18 日，习近平总书记在庆祝改革开放 40 周年大会上的讲话中，进一步强调继续实施乡村振兴战略。④ 2019 年中央一号文件《中

① 习近平. 决胜全面建成小康社会，夺取新时代中国特色社会主义伟大胜利——在中国共产党第十九次全国代表大会上的报告［M］. 北京：人民出版社，2017：59.

② 中共中央国务院印发《乡村振兴战略规划（2018—2022）年》［N］. 人民日报，2018-09-27（001）.

③ 本报评论员. 紧紧扭住产业振兴不放松——论学习贯彻习近平总书记在山东代表团关于乡村振兴的讲话精神［N］. 农民日报，2018-03-09（001）.

④ 习近平. 在庆祝改革开放 40 周年大会上的讲话［N］. 人民日报，2018-12-19（002）.

共中央、国务院关于坚持农业农村优先发展　做好"三农"工作的若干意见》，更是对实施乡村振兴战略进行了更加系统、全面的部署。① 中央农办印发《关于建立推进乡村振兴战略实绩考核制度的意见》，明确了乡村振兴战略实际考核制度的意见。2020 年 3 月 6 日，习近平总书记在决战决胜脱贫攻坚座谈会上强调，要"接续推进全面脱贫与乡村振兴有效衔接，推动减贫战略和工作体系平稳转型，统筹纳入乡村振兴战略，建立长短结合、标本兼治的体制机制"。为了全面实施乡村振兴战略，2021 年 4 月，《乡村振兴促进法》施行，我国乡村振兴战略法治保障体系得以初步建立。

乡村振兴战略不仅关系到乡村的发展和未来，而且关系到国家和民族的前途和命运。实施乡村振兴战略，是以习近平同志为核心的党中央着眼党和国家事业全局，深刻把握现代化建设和城乡关系变化规律，顺应亿万农民对美好生活的向往，是推进中国现代化事业的重要举措。② 乡村振兴战略实施五年以来，战略规划在各地有序推进。我国各地政府和企业都对这一战略做出了回应。学术理论界开始广泛研究，媒体部门也开展了各种形式的宣传活动，乡村振兴战略也受到了国外各界的关注。实施乡村振兴战略，是解决新时代我国社会主要矛盾、实现"两个一百年"奋斗目标和中华民族伟大复兴中国梦的必然要求，具有重大现实意义和深远历史意义。

自战略实施以来，各省区深刻领会、全面把握乡村振兴战略的精神实质，全面执行党中央的战略部署，结合实际工作和发展规划，推动了乡村战略实施。各级政府、部门以科学谋划乡村振兴规划为总抓手，加快培育壮大农村优势产业，激发乡村多元文明复兴。第一，加强乡村振兴制度建设。内蒙古自治区、青海省、新疆维吾尔自治区等全部五个民族自治区均结合省情发布关于实施乡村振兴战略意见或规划纲要，而在这些规划或纲

---

① 中共中央、国务院关于坚持农业农村优先发展做好"三农"工作的若干意见[J]. 农村工作通讯，2019(4)：5-11.

② 中共中央国务院印发《乡村振兴战略规划（2018—2022）年》[N]. 人民日报，2018-09-27(001).

要中，民间文学艺术等成为推进乡村振兴的重要资源。西藏等地区实施的"传统工艺振兴计划"等也对乡村文化振兴具有积极意义。各地区通过乡村振兴战略的实施，优秀乡村文化保护传承力度明显加强。① 第二，加强行政管理运用。2019 年，中央农办首次开展中央 1 号文件贯彻落实情况督察。目前，大部分省级乡村振兴战略规划已全部出台实施。绝大多数市、县都建立了乡村振兴领导和工作机制，形成了一级抓一级、层层抓落实的责任体系。各地区对标对表国家规划，科学编制本区域乡村振兴地方规划，层层衔接发展目标，合理配置公共资源和发展政策，落实落细规划任务。② 如湖北恩施州等地在推进乡村文化振兴中强调要注重加强农村非物质文化遗产传承人和文艺人才队伍建设，为文化振兴提供人才保障。第三，突出地方特色。我国是统一的多民族国家，56 个民族的各族群众共同创造了丰富、多元的中华民族文化。这种多元文化被费孝通先生称为"差序格局的社会结构"。各地结合本地区的实际特征，将民族历史、风俗、文化等融入乡村振兴建设，推动建设差异化、多样化的乡村风貌。例如，广西将"桂风壮韵"融入乡村建设，大力发展具有民族和地域特色的绣球、壮锦等传统工艺产业。内蒙古着重发展农村牧区优秀传统文化，特别提出要"加快乌兰牧骑事业发展"。黔东南苗族侗族自治州实施"十百千万"传统工艺人才培育工程。湖南湘西州开展"让妈妈回家"计划，通过苗绣产业的发展，让外出打工的妇女回到家乡就业。湖南湘西将乡村戏曲曲艺、非物质文化遗产等民间文化融入乡村民宿，实现城市居民对乡村优秀传统文化沉浸式体验。第四，文化传承与产业发展并重。贵州省黔东南苗族高鸟苗寨将苗族蜡染、刺绣等传统"非遗"技艺创造性地运用到家居用品、服装饰品、旅游商品等产品中，助推群众脱贫增收，助力乡村振兴。③ 在广西靖

①　乡村振兴战略规划实施协调推进机制办公室. 乡村振兴战略规划实施报告（2018—2019 年）［M］. 北京：中国农业出版社，2020：8.

②　乡村振兴战略规划实施协调推进机制办公室. 乡村振兴战略规划实施报告（2018—2019 年）［M］. 北京：中国农业出版社，2020：4.

③　王炳真. 传统手工艺助力乡村振兴［N］. 中国民族报，2018-7-24.

西、湖南凤凰、内蒙古呼伦贝尔，各地积极挖掘乡村地域文化资源，打造一县一乡一村一品服务品牌，为乡村文化振兴注入新的活力。一些原本演出市场萎缩的传统表演艺术项目、传统手工技艺项目已转化为当地经济资源，并取得较好的社会效益和经济效益。

第二章　乡村振兴视角下民间文艺法律保护的价值分析

乡村振兴战略的提出和实践契合了新时代中国特色社会主义发展的内在需要，谋划、勾勒出我国乡村建设的新图景和新风貌。乡村地区是孕育民间文学艺术资源的摇篮。我国民间文学艺术种类繁多、数量丰富，蕴含了人类的创造性劳动，体现了各族群众的无穷智慧。乡村的地理环境为民间文艺的形成提供了必要物质条件，乡村的自然环境为民间文艺的形成提供了内容素材，乡村的生产生活方式是民间文艺形成的决定性因素，在乡村中生产和生活的各民族群众是民间文学艺术的缔造者和传承者。

民间文学艺术是中华民族传统知识智力资源体系的重要组成部分，与宗教、历史、民族、道德等密切相关，与各村寨本质属性之间表现出一定契合关系。乡村振兴战略的制度及框架设计根植于中华民族悠久灿烂的民族文化，蕴含了共产党人的治国理念和方略。文化振兴是乡村振兴的战略目标与实质内容，民间文艺是实现我国乡村振兴战略目标的重要载体。

推进乡村振兴战略需要从经济、文化、科技、教育等多个方面着手推进，而民间文学艺术是我国传统村落拥有的重要经济、生态与文化资源，对乡村产业兴旺、环境保护、乡村文化建设等均具有重要作用。民间文学艺术的保护与合理利用，是我国实施乡村振兴战略、促进乡村发展的重要途径和重要内容。民间文学艺术保护的知识产权保护机制、非物质文化遗产保护机制对乡村的经济、文化、科技、教育等各方面具有较强的正向激励作用。

第一节 乡村振兴与民间文学艺术保护的契合

一、文化振兴是乡村振兴战略的实质内容之一

文化关乎民族与身份认同，关乎更基础、更广泛、更深厚的自信。文化对于国家、民族和整个人类社会的重要性不言而喻。文化的发展是一个国家民族凝聚力的体现，是一个民族的血脉和精神家园，文化的地位和作用在当今社会日益彰显。保护与传承好不同地区和民族的传统文化，是整个人类社会的共同追求。

（一）民间文学艺术是众多国际组织讨论和保护的重要内容

民间文学艺术保护是众多国际组织讨论和保护的重要内容。20 世纪 80 年代末 90 年代初，国际社会和有关国家开始积极探讨民间文艺等传统文化的法律保护问题，包括在知识产权制度框架内外的尝试与实践。① 世界知识产权组织是探讨包括传统文化资源在内的传统知识国际保护的固有机构。1967 年，世界知识产权组织对《保护文学和艺术作品伯尔尼公约》进行修改，通过确认"未出版作品"的权利，从一定层面保护民族民间文艺，1971 年巴黎会议再次确认了该条款。此后，1976 年，联合国教科文组织和世界知识产权组织推出了《发展中国家版权突尼斯示范法》，把民间文学艺术作为版权的保护对象。1977 年，受《发展中国家版权突尼斯示范法》影响，非洲知识产权组织制定了《非洲知识产权组织公约》（也称《班吉协定》）。紧接着，1982 年联合国教科文组织和 WIPO 再次联合制定了《保护民间文学艺术表达形式，防止不当利用及其他侵害行为的国内法示范条款》。随后，1989 年联合国教科文组织第 25 届大会提出了《保护民间创作的建议案》。进入 21 世纪后，伴随着各国经济联系的紧密，世界贸易的发

---

① 严永和. 论传统知识的知识产权保护[M]. 北京：法律出版社，2006：98.

展，知识经济时代的到来，WIPO 和各国对民间文学艺术的开发逐渐重视，随之而来的是民间文学艺术的保护问题。2000 年，WIPO 组织成立"知识产权与遗传资源、传统知识、民间文学艺术"政府间委员会(IGC)，探讨遗传资源、传统知识和民间文学艺术的知识产权保护问题。2002 年，太平洋共同体等相关组织制定了《太平洋地区保护传统知识和文化表达形式的框架协议》。2008 年，WIPO 政府间委员会(WIPO-IGC)推出《民间文学艺术表达形式保护政策目标与核心原则修订条款》，并拟定了 WIPO《实体条款》。2010 年，非洲地区工业产权组织(ARIPO)的 19 个成员国通过了《关于保护传统知识和民间文学艺术表达形式的斯瓦科普蒙德议定书》(简称《斯瓦科普蒙德议定书》)。

这些条约、协定虽然在名称中没有出现乡村振兴、村寨发展等字眼，涵盖的范围也仅限民间文艺、传统手工艺、传统知识，也甚少将乡村振兴、村寨发展等直接列入战略目标，但其对传承人权利的保护，对民间文学艺术、非物质文化遗产等文化资源的传承及产业的推进，无疑对遍布在全世界各个地区的乡村、传统部族发展都起到了重要的推动作用。

(二)文化政策是主权国家公共政策的重要组成部分

文化政策是当代国家公共政策的重要组成部分，是当代国家发展道路、发展模式、国家战略体系的重要内容。乡村发展的推动政策和民间文学艺术法律保护体系的构建，涉及不同主权国家的政策选择问题。在相关的立法实践中，有的国家侧重行政保护，有的国家侧重知识产权保护，还有的国家发挥习惯法的重要作用。世界上的主要国家，都将文化政策作为国家政策体系的重要内容，从顶层设计、制度配套等方面予以实施。

20 世纪，美国先后出台《美国民俗保护法》《国家艺术和文化发展法案》和《国家艺术和人文基金会法案》，内容涉及历史文化遗产保护、公益文化艺术和文化外交三个领域，形成了历史文化保护法律体系。① 1871

---

① 张慧娟. 美国文化产业政策及其对中国文化建设的启示[M]. 北京：中共中央党校出版社，2012：59.

年，日本政府颁布了保护工艺美术品的《古器物保存法》，这是日本政府第一次以政府令的形式颁布的文化遗产保护法；此后，《古社寺保护法》《古迹名胜天然纪念物保护法》《国宝保存法》《文化财保护法》等各项制度相继出台，在突出保护具有较高历史价值和艺术价值的传统文化遗产时，强调优先保护濒临消亡的文化财产。① 1962 年，韩国颁布了《韩国文化财保护法》。为了促进本国文化产业的发展，韩国还出台了《文化产业振兴基本法》(1999)、《出版与印刷基本法》(2002)等一系列法律法规，在制度层面上有效保障了民间文学艺术等传统文化资源。法国是文化遗产大国，十分重视对文化遗产的保护，针对不同形式的文化遗产采取不同的方法保护，形成了一套完善的法律体系，在保护与传承文化遗产的过程中形成了特色鲜明的保护模式。《历史性纪念建筑保护法》(1887 年)、《艺术性自然纪念物和景观保护法》(1906 年)等相继颁布，法国的文化保护法律体系逐渐完善，为保护传统文化创造了有利环境。②

　　在我国，文化保护法律是国家法律体系的重要组成部分。新中国成立伊始，就将各民族发展民族文化的权利和自由写进了《中国人民政治协商会议共同纲领》中。中国共产党人在执政初期就注重各民族传统文化资源的发展和保护，也将这一目标和原则贯彻在治国理念之中。宪法、民族区域自治法等有关法律法规是我国继承、保护、发展传统文化的基本法律依据和准则。《传统工艺美术保护条例》《非物质文化遗产法》对于以工艺美术形式、非物质文化遗产形态的民间文艺资源进行保护。我国的文化保护法律还包括《文物保护法》《著作权法》《历史文化名城名镇名村保护条例》等法律法规，内容涵盖公共文化服务、历史遗产保护、文化市场开发、知识产权保护等一系列公法或私法制度。

---

① 李致伟. 通过日本百年非物质文化遗产保护历程探讨日本经验[D]. 北京：中国艺术研究院，2014：65.

② 郭玉军，王岩. 法国文化遗产保护立法的沿革、特点及对中国的启示[J]. 武大国际法评论，2020(4)：91.

（三）文化振兴是乡村振兴的战略目标与实质内容

文化振兴是乡村振兴的铸魂工程，是乡村振兴的战略目标与实质内容。民间文学艺术是主权国家的重要文化遗产，是世界各国推进乡村文化传承和经济发展的重要资源。一些主要国家均展开了反贫困、造村运动、新村运动等乡村发展工程，出台了有针对性的法律政策。这些乡村发展运动大都注重挖掘民间文学艺术的潜在价值，围绕保护和发展民间文学艺术推进乡村发展。日本政府在 20 世纪 70 年代末开展了著名的"造村运动"，以缓解乡村人丁稀少、发展滞后的局面。通过"造村运动"，日本乡村经济发展，基础设施建设得到加强，吸引更多的人重返乡村经营，进一步盘活了乡村。"造村运动"是一个通过多种手段发展乡村的运动，这其中也包括挖掘农村传统文化和民间文学艺术，并将其运用到现代生活中。1979 年，日本发起"一村一品"运动，深入发掘村域资源、文化、品牌优势，振兴乡村经济。① 20 世纪 80 年代，日本福岛县三岛町为应对人口下降、经济下滑等局面推出四次振兴计划，推出"打造文化气息浓厚的乡村""手工艺融入地方发展""生活工艺运动""讲好历史文化故事"等活动，实现了文化传承和经济发展。20 世纪 90 年代，日本政府鼓励经营村寨旅游的民众以传统手工艺增加游客体验，日本民宿旅游村水上町先后建立"陶艺之家""面具之家"等 24 个传统手工艺作坊，成为具有广泛知名度的"工匠之乡"，参观游客人数和工艺品销售额屡创新高。② 自 20 世纪 70 年代开始，韩国政府主导开展"新村运动"，该项运动旨在改善农村生活环境，让农民走上富裕之路。"新村运动"不仅针对农业和农村发展、工业化建设等问题，也致力于村民精神面貌的改造和弘扬国家传统文化。民间文学艺术等传统文化是韩国推进乡村发展的重要资源。有学者曾指出，韩国乡村振兴的核心在

---

① 李洪涛. 乡村建设国际经验比较与启示[M]. 北京：中国农业出版社，2019：78，83.

② 曾蓉. 从文化视角探索乡村振兴的发展之路[M]. 北京：经济管理出版社，2019：81-83.

于"精神启蒙"，重在通过文化建设来激发农民自身的潜能，引导他们依靠自身的聪明才智、自主性、创造性建设新农村。① 韩国将本国传统文化发展成旅游业的重要资源，同时通过现代观光旅游业推动传统文化的保护，传统文化的保护传承与市场经济两者相互促进，相得益彰。如："韩国民俗村"一经开发，里面朝鲜李朝时期先民们的衣食住行、建筑景观和祭祀活动等古代民俗得以为游客展现，不仅如此，游客还可以品尝到自己动手制作的各种古代食品，增加了旅游的趣味性和体验感，同时也拉动了经济。2001 年，泰国政府发起了"一镇一品"项目，该项目旨在提高农村社区的收入，帮助缓解乡村贫困。项目目的是促进当地社区通过"有效商业化"获得持续收入的能力，即利用当地的材料、当地的智慧和代代相传的技能，制作出独特的产品和手工艺品。泰国政府倡议要关心村庄社区的传统工艺品，因为每一个工艺品都融入了当地无与伦比的风格。这些工艺品包括棉花和丝绸服装、陶器、时尚配件、礼物，家居和装饰物品等。② 清迈尚甘亨地区的纸伞泰丝工艺村、清迈塔未木雕村等一批村落通过该项目将传统手工艺与旅游产业结合起来，不仅面向游客销售手工艺品，而且营造出场景性、故事性的效果来推进销售，形成了品牌化的产业链。

在我国，关于乡村振兴战略的开发体现在中央、地方各级规定及制度文件中。例如，《乡村振兴促进法》《关于实施乡村振兴战略的意见》《乡村振兴战略规划(2018—2022 年)》《关于促进乡村产业振兴的指导意见》《推进乡村文化振兴工作方案》等相继实施。内蒙古、广西等地区制定出台的《内蒙古关于实施乡村振兴战略的意见》《广西乡村振兴规划(2018—2022 年)》《新疆维吾尔自治区乡村振兴战略规划(2018—2022 年)》等制度文件大都将传统文化保护纳入乡村发展的重要内容。例如，《乡村振兴战略规划(2018—2022 年)》将文化建设与农村经济建设、政治建设、社会建设、

---

① 李洪涛. 乡村建设国际经验比较与启示[M]. 北京：中国农业出版社，2019：7，9.

② Daphne Zografos. Intellectual Property and Traditional Cultural Expressions[M]. Edward Elgar Publishing，2010：71.

生态文明建设和党的建设并行，提出要深入挖掘农耕文化蕴含的优秀思想观念、人文精神、道德规范，进一步丰富和传承中华优秀传统文化。《关于实施乡村振兴战略的意见》提出要发展特色文化产业，统筹兼顾保护与发展自然历史文化资源丰富的村庄。另外，内蒙古等一些地区还制定了专项乡村文化振兴实施方案。

可见，文化振兴内含乡村振兴的指导思想、总体要求、制度目标、实施举措等各个环节。战略的实施和推进丰富着乡村文化的鲜明特色和突出优势，让各族群众有机会共享国家进步和社会发展的各项成果。文化振兴是实施乡村振兴战略的实质内容之一。

二、民间文学艺术是实现乡村振兴战略目标的重要载体

党的十九大报告指出，实施乡村振兴战略要坚持"产业兴旺、生态宜居、乡风文明、治理有效、生活富裕"的总要求。这五个方面的总要求蕴含着我国乡村振兴具体任务和实践目标。这些任务和目标的实现，需要依赖民间文艺的有效传承和保护。

（一）民间文学艺术保护与乡村产业兴旺目标的实现

产业兴旺是乡村振兴的基础。只有乡村产业兴旺，才能吸引资源、留住人才；只有乡村产业兴盛，才能富裕农民，繁荣乡村。

我国广大乡村蕴含着丰富的民间文学艺术资源。有的民间文学艺术资源以物质形态表现出来，包括建筑、服饰、手工艺品等；有的民间文学艺术资源以非物质形态表现出来，如歌唱、舞蹈、民间传说故事等。这些艺术或形式不仅蕴含着丰富的历史和文化价值，而且蕴含着巨大的经济价值。民间文学艺术等文化资源的形成必然对其经济生活产生多维和复杂的影响，而这种影响又是动态和持续性的。有学者基于文化—人—经济（要素）互动关系的分析框架，将文化置于人与经济之间的核心位置，提出了"三元互动模型"和"气球效应"，据此得到了文化与经济发展之间的弹力效应、回缩效应和酵池效应，从理论上回答了文化的经济价值及其实现方式

的问题。① 将文化要素转化为经济价值，通过培育发展"文化+产业"新业态，是国内外推进乡村发展的重要途径。

产业领域民间文学艺术涵盖有商业价值的全部传统智慧成果，可以概括为传统设计、传统名号、民间文学艺术资源等。产业领域民间文学艺术与乡村产业发展密切关联，在乡村产业发展中扮演着重要作用。民间文学艺术的经济价值可以在手工业、文化创意、旅游、影视、互联网直播、建筑、服务等各个行业中得以体现。② 以韩国为例，韩国政府大力发展文化产业，韩国文化题材影视剧成为传播国家文化的重要载体，在中国、日本等邻近国家掀起了"韩流"的热潮。韩国影视剧《大长今》《来自星星的你》等一系列影视作品，以及《爸爸去哪儿》《奔跑吧，兄弟》等综艺作品在中国青年一代中具有广泛影响，也让韩国文化深入人心。韩剧的内核和灵魂，正是历史传统文化的升华。借助影视作品和传媒载体，韩国将传统文化传播的范围从单一的本民族人物、故事、音乐，逐步扩展到民族服饰、饮食、手工艺、游戏、歌舞等各个方面。韩国影视文化产业将国家文化带到了中亚和世界各国，产生了丰厚的经济受益，也提升了整个国家的影响力。

近年来，笔者多次前往传统村落就民间文学艺术推进乡村发展进行了专题调研。在内蒙古呼伦贝尔敖鲁古雅民族乡，以桦树皮为原料生产的手工艺品成为鄂温克族群众收入的重要来源。在湖北恩施州来凤县舍米湖村，土家族摆手舞吸引了众多游客前来参观，带动了旅游业的发展。在湖南湘西州永顺县芙蓉镇民宿老板"瞿掌柜"将苗族传说故事和文化融入民宿经营，"房间均价880元，入住率80.8%；回头客和老客推荐占比高达80%"。在我国广西，伴随着旅游产业的不断升级和发展，各类广西传统手工艺产品受到市场青睐。靖西市民族工作部门工作人员表示，近些年，中外游客急剧增加，带动了当地以壮锦、绣球为主的工艺产品的开发和发展，成为靖西市农民经济收入的一项重要来源。

---

① 李忠斌. 论民族文化之经济价值及其实现方式[J]. 民族研究，2018(2)：95.
② 柏贵喜. 土家族传统知识的现代利用与保护研究[M]. 北京：中国社会科学出版社，2015：212.

乡村产业根植于乡村沃土，承载着乡村价值。受制于交通不便、地理位置偏僻、科技人才短缺等因素制约，乡村产业与城市产业发展相比，困难重重、举步维艰。民间文学艺术成为提升乡村产业内涵、丰富文化产业类型的重要组成。我国幅员辽阔、乡村分布广泛、民间文学艺术极其丰富，不同区域乡村的自然条件、历史传统、文化环境，造就了形式多样、各具特色的乡村产业的类型、种类、模式、技术体系。这些差异化的文化类型为增强乡村企业创新力和竞争力打下了坚实基础。因此，促进乡村产业兴旺最重要的是将乡村独特的文化资源与优势条件转化为"产业优势"，在乡村产业中融入"自然""民族""历史""人文"等诸多要素，从而推动乡村产业建设个性化、高质量发展。

(二) 民间文学艺术保护与乡村生态宜居目标的实现

生态宜居是乡村振兴的关键。我国广大农村地区散落着不同类型的特色建筑、特色民居，是村寨群众世代居住的场所。这些特色建筑和民居体现着村寨居民尊重自然、顺应自然、保护自然的生态观念，与不同民族的观念认知、传统文化、人文历史等和谐统一，是乡村地区重要的文化资源。生态宜居不仅需要改善农村人居环境，满足农村居民对绿水青山的生态需要，也需要保留乡村的文化气息，构建农耕文化、乡愁等精神乐土。整洁的人居环境、完善的公共服务配套设施和适宜村民居住的特色建筑都是生态宜居的必备要素。

广大农村地区不同类型的传统建筑都是活的文化遗产，体现了劳动群众与自然和谐相处的文化精髓和空间记忆。建设生态宜居乡村，除了要保护生态环境，也要发挥乡村传统资源特色，运用现代和传统技术，依托传统手工业、民族历史，打造符合当地特色的村寨发展模式，避免乡村建设的同质化现象。在湖北恩施、湖南湘西凤凰等地区，土家族群众喜欢居住在独特的"干栏"式建筑——吊脚楼上，这类建筑往往依山势而建，是土家族人民充分利用自然、改造自然的智慧结晶。这一选择往往与南方地区常年高温多雨、气候湿热有关。我国北方游牧地区的居住区多为降水稀少、地广人稀的游牧地区，便于拆卸、冬暖夏凉的蒙古包成为游牧民族的首选。西北地区的劳动群众利用黄土和木材建造的"干打垒"式民居，具有良好的保温及防风沙效果。西南地区的藏族和羌族群众居住地区气候寒冷、海拔较高、太阳辐射强度大，他们以当地的石头为原料，修建碉房居住，厚石墙、小窗、较封闭的特点能充分发挥出抵御强风的作用。① 另外，我国傣族的竹楼、纳西族的四方街、摩梭人的木楞房、鄂温克人的撮罗子、藏族的佛寺、满族的口袋房，这些建筑在构造和布局上都反映了不同地区的劳动群众适应自然、利用自然、创造生活的智慧，是农村地区实现生态宜居目标的重要承载。

（三）民间文学艺术保护与乡风文明目标的实现

乡风文明是乡村振兴的"魂"。良好的乡风关乎民生福祉、发展大局，乡村振兴离不开文明乡风的涵育。② 只有抓好乡风文明，才能更好地促进乡村振兴战略的全面实施。

乡村文化是乡村民众在长期的生产生活实践过程中所形成的一种精神意识、生活方式与价值取向。乡风文明意指一种良好的社会风气，是我国各村寨群众在精神风貌、道德修养、思想观念和行为方式层面所表现出的一种积极、健康、向上的精神状态，具有浸润人心、引领向善、凝聚力量等价值功能，被称为照亮各民族心灵的灯塔。③ 文化领域民间文学艺术是乡村文化建设、确保乡风文明的重要无形资源。

中华文明根植于农耕文化，乡村是中华文明的基本载体。村寨居民凭借他们的勇敢、勤劳和智慧，创造了具有浓厚地域风情和本地特色的文化

---

① 国家民委经济发展司. 中国少数民族特色村寨建筑特色研究：村寨与自然生态和谐研究卷[M]. 北京：民族出版社，2014：3.

② 涂圣伟. 中国乡村振兴的制度创新之路[M]. 北京：社会科学文献出版社，2019：11.

③ 王丹. 铸牢中华民族共同体意识的多民族民间文艺视角[J]. 西北民族研究，2020(1)：15.

艺术，积累升华了十分丰富的民俗文化表达或者民间文学艺术类型，包括神话、传说、故事、叙事诗、谚语、音乐、歌舞等多种形式。这些艺术类型具有歌颂美好、讴歌英雄、鞭笞邪恶、弘扬正义等价值功能，涵盖爱祖国爱家乡、敬老诚信、敬业友善等人际理念与准则，蕴含了实现乡风文明、治理有效的诸多价值观念。民间文学艺术的文化价值就是特定人群的精神性生存价值。

正如有学者指出："人类的劳动包括科学技术能解决的只是人的物质存在，而只有艺术才能解决人的精神存在。"①民间文学艺术中蕴含的精神价值主要包括爱国主义精神、奋斗精神和探索精神等方面。其一是爱国主义精神。爱国主义是中华民族的民族心、民族魂，是各族群众最重要的精神财富。在家与国的关系问题上，中国古人历来推崇为国而忘家、公而忘私的集体主义观念。在君与民的关系问题上，中华文化历来主张为民请命、以道事君的爱民敬民立场。此外，崇文兴化、协和万邦等亦是中华优秀传统文化中爱国主义的重要内容，彰显着中国古人的文化自觉意识和国际担当精神。② 其二是扬善惩恶的道德规范。善良质朴的人们认为，为他人的利益自己吃些亏是应当的，宁可人负我，不可我负人，为了乡亲们的整体利益应当勇于牺牲。其三是奋斗精神和探索精神。如神话中所反映的原始先民解释自然和与自然作斗争的豪迈幻想，史诗中所展现的英雄时代的伟大业绩和对民族英雄的歌颂，都显示了劳动人民创造世界的伟大气魄。如壮族的《妈勒访天边》、景颇族的《驾驭太阳的母亲》、彝族的《三女找太阳》，都从不同角度歌颂了人类追求光明的坚忍不拔的毅力，给人无限启示。③ 乡村振兴视角下，爱国主义精神、扬善惩恶的道德规范、奋斗精神和探索精神的挖掘对于乡村产业兴旺、乡风文明、治理有效、生活富

---

①　方李莉. 艺术人类学研究的当代价值[J]. 民族艺术，2005(1)：17.

②　刘水静，魏薇. 中华优秀传统文化中的爱国主义精神：起源、内涵与特征[J]. 学校党建与思想教育，2020(17)：51.

③　区宁. 论民间文学中的中华民族精神[J]. 广西广播电视大学学报，2004(3)：50.

裕等各方面目标的实现都有重要意义。

民间文学艺术的活态传承和保护为实现乡风文明建设提供了固化载体，通过对不同类型文化资源的阅读，人们可以感知不同民族群众的信仰观念、历史轶事、理性思维。我们在调研中了解到，老司城的传说传承人向世芹讲述了湘西永顺县老司城村28代、35位土司、9个封建王朝，土司统治下的湘西一带发生的故事。她在讲述中使用特定的语调，长腔与短腔相结合，抑扬顿挫，注入情感，故事里融入土司文化、土家族文化、祭祀文化、山水文化。传承人对历史故事的讲述，既是文化的传播，更是对本民族历史文化的展示。凤凰县苗族银饰锻制技艺传承人龙先虎介绍，艺术表达方面，苗族以"大""重""多"为美，认为蝴蝶孕育万物，把蝴蝶寓为妈妈，因此蝴蝶图案较多。常用树枝、树木、大米、钱币等为图案，寓意五谷丰登。广西壮锦编织技艺目前已有20多个品种，50多种花纹图案，这些花纹图案是劳动群众在长期的劳动实践中产生的，反映了他们对生活、大自然和民族文化深切的热爱和由衷的崇敬之情，是承载民族文化记忆的"活化石"。融水苗族服饰多在领边、袖口镶有苗锦花边或丝线绣花边，这些绣花纹样是苗族文化的承载体，体现了苗族人的价值认同以及民族审美个性。广西河池地区毛南族群众告诉笔者，当地为表演传统舞蹈傩戏需要制作称为傩面的木制面具，劳动群众会把在历史上给与本民族帮助的人物或神仙的形象绘画成面具，表达本民族的感念和感激。传承人对古老艺术的理解、运用，体现了劳动群众的价值观念，固化为乡风和民俗。实施乡村振兴战略，就是要深入挖掘农耕文化蕴含的思想、精神和价值观念，在保护的基础上传承好这些民间文学艺术。

（四）民间文学艺术保护与有效治理目标的实现

有效治理是实现乡村振兴的重要保障。乡村有效治理是国家运用行政管理权实现乡村运行有序、公共产品有效供给而进行的互动与合作过程，是实现国家治理的重要基础，对乡村振兴战略实施具有重要意义。

民间文艺讲唱劳动群众的生活状态和道德情操，不同民族、不同地域的传承人以守信修睦、情同手足、血脉相连为价值理念，并以中华民族多元一体的立场进行具体的在场记录与想象的诗意建构。民间文艺具有超越民族和地域界线的特性，成为劳动群众交往交流的历史生活和互助融合的现实愿景。① 这些民间文学艺术还通过其特有的方式教育和感化人们热爱祖国、维护国家统一和民族团结。例如，藏族的"格萨尔王传"，柯尔克孜族的"玛纳斯"，宣扬的是爱国主义精神、反抗侵略的民族精神；纳西族的"创世纪"则歌颂了民族团结。② 中国多民族民间文艺贯穿着对社会主义核心价值观的遵循和弘扬，"讲仁爱、重民本、守诚信、崇正义、尚和合、求大同"在各民族的发展中根深蒂固并代代相传，在增强中华各民族国家认同和民族认同的过程中作用显著。③ 另外，民间文学艺术是乡土文化资源的宝库，是我国广大乡村乡土教育的重要素材。一些中小学通过非物质文化遗产进校园、利用民间文学艺术资源开发教材和实践课程等开展民间文学艺术的乡土教育。④ 我国乡村治理多元化调解纠纷体系的完善，离不开这些具有乡土气息的文化传统，民间传统文化、民间智慧必将在国家治理体系中发挥愈加重要的作用。

民间文学艺术是包括"规则文化"在内的综合体，具有构建社会秩序、整合社会结构和确立主流价值观的功能，在不同的社会结构和社会系统内部，派生出不同的秩序类型和治理方式。在现代社会国家的治理中，"软实力""文化力"扮演了提升治理能力和治理水平的重要因素。⑤ 民间文学艺术虽然与当代社会治理处于不相交的时空范畴，但却与民族村寨的生

① 王丹. 铸牢中华民族共同体意识的多民族民间文艺视角[J]. 西北民族研究，2020(1)：27.

② 张耕. 民间文学艺术的知识产权保护研究[M]. 北京：法律出版社，2007：16.

③ 王丹. 铸牢中华民族共同体意识的多民族民间文艺视角[J]. 西北民族研究，2020(1)：27.

④ 柏贵喜. 土家族传统知识的现代利用与保护研究[M]. 北京：中国社会科学出版社，2015：210-211.

⑤ 宋才发，许威. 传统文化在乡村治理中的法治功能[J]. 中南民族大学学报（人文社会科学版），2000(4)：31.

产、生活和社会发展紧密相关。现代社会治理所体现出来的"过程""调和""多元"和"互动"的特征与民间文学艺术中蕴含的伦理道德、和谐理念、追求稳定以及兼容性等方面高度契合。

"群族社会或乡土社区都有自己一套关于罪与罚、纠纷边界与纠纷方案的知识，特别是在婚姻、财产与地权方面，乡土'法'知识或民族习惯法的纠纷规则往往具有合理、人情的社会效验。"①我国许多民间文学艺术在形式上表现为劳动群众创造的艺术形式，在实质内容上表现为乡规民约和习惯法，具有调节民事纠纷、维护社会稳定的作用。② 更多的民间文学艺术构成我国各族人民日常生产生活的基本内容。我国很多地区的劳动群众，每逢各种节日、庆典、红白喜事，各种民间文学艺术就会隆重登台上演，各种民族传统节日上都有各种唱歌、器乐、跳舞等文学艺术活动，这些民间文学艺术更多地表现为广大农民的文化资源和知识财富，对于我国建设和谐边疆、和谐社会等伟大事业均有重要价值。③

（五）民间文学艺术保护与共同富裕目标的实现

共同富裕是目的，乡村振兴是手段。实现共同富裕是社会主义社会的本质目标，是产业发展、生态建设、文化建设和社会治理的重要目标，也是乡村振兴的价值追求。

文化具有物质属性与精神属性相结合的特征，具有引导、激励、整合等功能，是推动社会与经济全面发展的强大动力。在经济文化日趋一体的今天，文化在综合国力中的地位会越来越高，作用会越来越大。④ 实施乡村振兴战略是实现全体人民共同富裕的必然选择，而民间文学艺术将在此

① 柏贵喜. 土家族传统知识的现代利用与保护研究［M］. 北京：中国社会科学出版社，2015：33.

② 刘守华，巫瑞书. 民间文学导论［M］. 北京：长江文艺出版社，1997：43.

③ 严永和. 民间文学艺术的知识产权保护论［M］. 北京：法律出版社，2009：91.

④ 童萍. 文化民族性问题研究［M］. 北京：人民出版社，2011：18.

过程中发挥重要作用。虽然传统部族创造或者开发民间文学艺术根本原因不是为了商业利益，而是为了延续定义社区身份的"生活的、功能性的传统"，但这些经济效益对于希望利用其土著文化的发展中国家来说是一个特别重要的利益。许多发展中国家，如突尼斯、玻利维亚和布隆迪，将民间传说中的财产权视为通往他们自己的"灰姑娘故事"的一条道路。如果他们口述历史的某些方面能够符合流行的讲故事模式，这些国家可能会从复述旧故事的大众市场中获得一些利润。① 通过民间文学艺术获得的经济利益可能进入生产土著社区的口袋或者根据许可协议与第三方共享利益。②在国际社会，一些土著艺术家的民间文学艺术作品日益受到市场的认可，获得了可观的经济收益。

除了起到重要的文化作用(如民族身份认同、全球文化多样性保持、民族事务自决等)，人们逐渐认识到社区的文化遗产还可以在经济发展中发挥作用。民间文学艺术在创造就业和消减贫困方面表现出巨大的潜力。在澳大利亚，土著艺术产业对澳大利亚经济做出了巨大的贡献，甚至对土著经济也做出了巨大的贡献，对澳大利亚土著居民的健康和福祉产生的影响是巨大的，这些影响包括参与经济、通过尊重文化获得强烈认同、通过就业和赋权建立强大的社区。20世纪70年代和80年代成为印度工艺美术加速发展的时期，在此期间，印第安艺术和手工艺品从一个小的旅游市场成长为一个价值数百万美元的产业。1985年，该行业每年的总销售额约为8亿美元，而到2000年，该行业的销售额超过10亿美元。③ 在美国阿拉斯

① Michael Jon Andersen. Claiming the Glass Slipper: The protection of folklore as traditional knowledge [J]. Case Western Reserve Journal of Law, Technology & the Internet, 2010(1): 148.

② Spangler Stephanie. WhenIndigenous communities godigital: Praotecting Traditional Cultural Expressions through integration of IP and customary law [J]. Cardozo Arts & Entertainment Law Journal, 2010(27): 709.

③ Jennie D. Woltz. The Economics of Cultural Misrepresentation: How Should the Indian Arts and Crafts Act of 1990 Be Marketed? [J]. Fordham Intellectual Property, Media & Entertainment Law Journal, 2007(17): 443.

加，本土艺术本身就是一个价值数百万美元的产业，并且当地生产的艺术品是阿拉斯加10万原住民中多数人收入的重要补充来源。此外，它是为数不多的与政府工作和报酬无关的收入来源之一。日本熊本通过一个熊本熊的IP形象，两年间增加了约合67亿元人民币的收益，让这个农业贫困地区蜕变成世界知名旅游地。①此外，传统文化要素已经成为创新和创造的重要来源。如Sherylle Mills指出，西方的音乐家和歌手将美洲和南非的音乐元素融入现代流行音乐中大获成功，借此获得丰厚的收益。

民间文学艺术保护与乡村文化振兴共同富裕目标的实现密切关联。对传统设计的产权保护，可以使我国广大乡村地区对自身传统科技性、技术性知识享有某种控制权，发展相关产业，从而为乡村产业发展带来新动能和新的增长点；对民间文学艺术的产权保护，可以使我国广大乡村地区，对自身民间文学艺术享有控制权，促进相关文化产业发展和相关文化公共品供给，为乡村文化发展创造条件。民间文学艺术与乡村旅游业的深度融合，对民间文学艺术进行创造性转化和创新性发展，有助于为广大村寨提供更多就业岗位、增加居民收入。短视频、直播带货等新兴互联网营销方式的运用，也缩短了村寨居民和城市消费者的距离，成为新业态下村寨居民致富增收的新途径。

三、民间文学艺术法律保护是实现乡村文化繁荣的重要途径

民间文学艺术法律保护中的知识产权保护机制、非物质文化遗产保护机制是实现乡村文化繁荣的重要途径。民间文学艺术中，民间音乐、歌舞、故事传说、民族特色建筑等相当一部分资源蕴含了人类的创造性劳动，体现了各族群众的无穷智慧，具有现代知识产权制度保护价值。现代知识产权制度中，著作权制度、专利权制度、商标权制度、商业秘密等制度可以赋予村寨居民或传承人以某种产权利益，发挥现代知识产权制度的正向

---

① 彭昌容，张晓东，铁英慧. 文化创新产业驱动乡村振兴路径探讨[J]. 山西农经，2020(20)：59.

激励作用。另外，由于民间文学艺术的公益性、集体性、传统性等特点，列入非物质文化遗产保护制度范畴的艺术类型，可以获得非遗制度保护。

（一）民间文学艺术的知识产权保护机制对乡村振兴的作用

乡村振兴激发乡村内在活力，培育和发展乡村内生动力，不仅包括物质上的脱贫致富、生活基础设施和社会福利的改良和提升，更有内在创造力的壮大和提升。① 践行乡村振兴战略需要从经济、文化、科技、教育等多个方面入手。现代知识产权制度对激发传统社区居民参与文化与技术创新的积极性具有较强正向推动作用。民间文学艺术保护的知识产权保护机制主要通过确定民间文学艺术的财产属性，从而保护村寨居民、民间文学艺术传承人应享有或承袭的产权利益。

著作权法具有激励文学艺术创作，保护文化创新的功能。民间文学艺术主要体现为民间故事和传说、民间美术、音乐舞蹈等形式，属于人类在文学和艺术领域内的智力成果，所以国际社会自然一开始便在著作权法框架内讨论其保护问题。著作权保护制度，能为作者提供权利保障，激励作品的产出，有助于乡村文化的传播与输出。② 著作权制度在保护乡村文化等方面具有天然的制度优势，调研中，文化保护部门、文化传承人和文化企业通过署名、展览、加强设计创新等方式运用著作权制度保护传统文化资源，取得了一定成效。乡村文化产业的发展同样离不开科技创新支持，通过对传统设计进行相关专利技术的申请，可促进乡村科技与经济发展，实现乡村振兴。民间文学艺术包含的传统设计是一种技术性知识，与专利法的保护客体具有相似的属性。传统设计的相关文化产品、工艺也随着经济的变化、社会的需求、创作者思维理念的更新而有所发展，以保护创新为制度目标的现代专利制度将与传统文化资源保护产生关联。商业标识具有标识商品来源、彰显品质的作用和功效，乡村文化产品标识的打造是提

---

① 潘鲁生. 习近平文艺思想的新时代意义[N]. 中国艺术报, 2017-11-29(001).

② 石超, 武迪. 论知识产权助推乡村振兴的理论基点与实现路径[J]. 湖北工程学院学报, 2019(5)：71.

高文化产业经济效能、推动乡村振兴的有力支撑。融入了乡村地区自然、文化、区位等因素的地理标志制度可以彰显民间文学艺术地域特色，满足消费者对产品的品质需求以及节省商品检索成本，利于生产者保护集体建立的声誉，有助于农村地区经济的发展、文化品牌的建立。商业秘密法被推荐用于保护"具有特殊精神意义的民间文学艺术，并且只向适当的家族成员透露"的民俗文化，在这种情况下，要构成对商业秘密的盗用，就必须证明这一特定的民间传说是一项商业秘密，而且开发者知道或有理由知道它是被不当转移的。

（二）民间文学艺术的非遗保护机制对乡村振兴的作用

2003 年，联合国教科文组织通过了《保护非物质文化遗产公约》，确定了非物质文化遗产法律保护的标准、程序、原则等保护框架。中华民族经历了几千年的积淀，诞生了许多优秀的民间艺术等非物质文化遗产，而这些非物质文化遗产大多流传于乡村等。2011 年，我国《非物质文化遗产法》颁布出台，建立起以调查记录、代表性名录、传承与传播等为主要内容的，包括认定、记录、建档等的非遗保护举措。

非物质文化遗产是知识的一部分，是文化的真实反映，有受保护免遭破坏的价值。一方面，民间文学艺术的认定、记录、建档等措施是《非物质文化遗产法》确定的政府职责，相关部门提供了资金、人员、场所等保障，统筹推进非物质文化遗产保护各项工作。现行制度下，国家机关通过提供资金、场地、培训、人才、技术等各方面支持推进乡村振兴、民间文学艺术保护的各项举措，包括提供技术服务或指导、采取行政措施、给予财政资助、加强媒体宣介推广、建立传承人制度、保障传承活动的实现等。乡村振兴视角下行政保护制度包括遗产名录保护制度、传承人保护制度、遗产保护教育普及机制，也包括国家乡村振兴各项规章制度中，涵盖的对民间文学艺术保护的规定。政府力量的干预，防止了部分民间文学艺术消亡的危险，推进了乡村的发展。这些保护举措主要依靠行政帮扶加指标考核的方式进行，对乡村发展和民间文学艺术保护起到了积极推动作用。民间文学艺术的非遗保护机制除了可以丰富乡村的文化生活之外，还能带来可观的经济效益。例如，调查中走访的广西靖西、湖北恩施来凤等地，依托靖西绣球、来凤土家族摆手舞等非物质文化遗产资源的开发，为当地乡村经济和文化振兴提供了重要支撑。

第二节　乡村振兴视角下民间文学艺术保护的正当性分析

乡村振兴战略的目标就是要实现农民、农村和农业的发展，是党和国家尊重和保障农村居民人权、实现乡村发展的战略设计。民间文学艺术对实现农村地区民众的生存权、发展权的意义重大。民间文学艺术的法律保护是实现民众文化权、生存权和发展权的必然要求。法哲学视角下乡村振兴与民间文学艺术保护的正当性讨论可以从公平原则、洛克财产权劳动理论、黑格尔的人权理论三个方面展开。本节将从人权论视角、法哲学视角出发，探讨乡村文化振兴与民间文学艺术保护的正当性。

一、人权论视角下乡村振兴与民间文学艺术保护的正当性

现代社会的人们要么工作生活在城市，要么选择留守生活在农村。城市里的市民享有便利的交通、发达的医疗和教育，生活在村寨里的村民也同样拥有不可剥夺、替代的生存、发展的人权。人权是每个人作为一个完整而独立的个体所应享有的基本权利，是社会制度赋予个体或群体的权利，人权是人生而为人，在这个世界上得以安身立命的基本前提。现代社会，土著人民失去了他们的土地和生活方式，把他们的艺术视为他们仅存的东西之一。土著人民认为他们的特性取决于他们的艺术是否能继续存在。"土著人民作为不同的民族、社会和人民，如果没有能力保护、复兴、发展和传授他们从祖先继承下来的智慧，就无法生存或行使其基本人权。"①

---

① Christine Haight Farley. Protecting Folklore of Indigenous Peoples: Is Intellectual Property the Answer? [J]. Connecticut. Connecticut Law Review, 1997(30): 1.

乡村振兴战略的实施和民间文学艺术保护制度的构建就是尊重并保障人权的具体体现。

（一）人权、知识产权与乡村振兴、民间文学艺术保护的契合

人权是人之为人得以安身立命的基本前提。人作为"个体人意味着，因为他是人，所以自然有资格享有可以列举的'权利'。这些归属于他个人的权利独立于他在社会中所发挥的作用和地位从而使得它能够与其他人一样平等"。① 人作为个体人意味着，他和别人一样享有一些与生俱来的权利，不因种族、信仰、性别、年龄、职位身份、政党派属、财富多少、健康与否而受到差别对待。这些人之为人的权利就是人权。现代社会人权的权利内容发生重要演变，人权经历了"三代"的发展过程，即公民权利和政治权利、经济社会和文化权利、发展权等集体人权的演变。"三代"人权演变构成了包括知识产权、生存权、健康权、发展权在内的完整体系。

知识产权的人权蕴意，是对知识产权属性的一种理论假设。在人权理论的语境中解释知识产权，体现了尊重知识创造活动和智力成果价值的人文主义精神。② 从 1948 年通过的《世界人权宣言》《美洲人类权利和义务宣言》，到 1976 年生效的《经济、社会和文化权利国际公约》，这些国际性或区域性的主要人权公约大都赋予了知识产权的人权意义。这些公约秉承联合国建立的人权原则和标准，提出了知识产权意义上的三项人权，也就是参加社会文化生活的权利、享受科学进步及其产生的利益的权利、对自己的智力成果享有法律保护的权利。③ 联合国教科文组织还通过了《世界文化多样性宣言》，该宣言将文化多样性与人的尊严联系起来，并寻求对属于少数群体和土著群体的人给予特别关注。

① 皮埃尔·莫内. 自由主义思想文化史［M］. 长春：吉林人民出版社，2004：2.
② 吴汉东. 知识产权的多元属性及研究范式［J］. 中国社会科学报，2011（5）：17.
③ 吴峰. 知识产权·人权·发展［J］. 上海理工大学学报，2005（3）：25.

　　知识产权和人权是有着共同的人性基础的，在知识财产中包含了人类的劳动成果，对智力成果进行保护同时也体现着人类对智力劳动成果的尊重，许多创造者的人格体现于作品中，保障作者能够享有因自己的作品而产生的精神利益，这也体现了对作者人格的充分尊重，为创造者提供生存必要的物质条件，使他们能够继续生存和创造，这是对生存权和劳动权的充分认可和尊重。① 现代社会，知识产权制度对于推进科学技术、社会文化和经济发展的作用日益明显。从权利主体的角度看，知识产权具有明显的私权属性，具有较强的激励创新、鼓励创造的重要价值。知识产权和人权最初的主体都限定于个人。个体劳动者基于个人的创造性智力劳动，对其个人智力性成果享有一定的权利，并对其智力性成果产生的收益享有经济受益权和分享权。

　　知识产权制度正深刻影响着人类的生活，其通过知识创造、产权划分、利益分享等环节，对经济、文化、科技成果转化及知识要素分配等方面都产生了深远的影响，显著改变了当代社会的财富创造和社会发展模式，知识产权与人权在当代社会产生了日益密切的联系。

　　我国学者多从人权角度论证民间文学艺术保护的正当性。有学者从健康权、发展权等人权角度论证了传统知识保护的正当性。② 有学者从健康权、生存权、发展权角度论述了传统医药、非遗的产权保护正当性。③ 有学者认为，非物质文化遗产保护是实现个人文化权利和集体文化权利的必然要求。④ 有学者认为民间文学艺术保护涉及文化自决权、发展权等集体人权。⑤ 有学者提出，文化权是一种基本人权，民间文化艺术也应当受到

---

① 陈圆. 知识产权与人权的冲突问题研究[D]. 广州：广州大学，2019：11.

② 严永和. 论传统知识的知识产权保护[M]. 北京：法律出版社，2006：29.

③ 余澜. 以特别知识产权保护土家族传统知识的理论正当性[J]. 湖北民族学院学报(哲学社会科学版)，2015(1)：49.

④ 李墨丝. 非物质文化遗产保护国际法制研究[M]. 北京：法律出版社，2010：71.

⑤ 张耕. 民间文学艺术的知识产权保护研究[M]. 北京：法律出版社，2007：89.

法律的有效保护。① 可见，知识产权本身就是一项人权，其以智力劳动为"源泉"，以法律确认为"根据"，② 人权和知识产权紧密相连。

现代社会的经济和文化发展发生重大变迁，知识产权和人权的权利主体范围在某种程度上发生扩张。例如在知识产权领域，文学艺术的著作权人、专利发明的权利所有人常常由完成者转变为投资者。市场经济条件下，知识产权的权利主体往往突破了个体形式，而以群体的形式出现。知识产权的主体可能是人权的主体，人权的主体也可能是知识产权主体，因此，知识产权与人权的主体出现了部分重合。③ 承认知识产权的人权属性符合大多数国家或集体的利益追求。人权理论可以为民间文学艺术的保护提供理论支持。

现阶段，我国人民日益增长的美好生活需要和不平衡不充分的发展之间的矛盾在乡村最为突出，我国仍处于并将长期处于社会主义初级阶段的特征很大程度上体现于乡村。④ 乡村振兴不仅在于发展农村经济、传承与保护民族文化，也在于尊重与保障广大村民的人权，实现村寨居民个人的自由而全面发展。农村的生存权和发展权的保障是党和国家工作的重中之重。只有实施乡村振兴战略，把"三农"问题彻底解决好，让广大农村地区尤其是经济社会发展比较滞后的农村真正发展起来，才能为全面建成小康社会补齐短板。一些特色村寨在长期发展的过程中形成了大量的珍贵文化积淀，包括民间文学故事、史诗、音乐、舞蹈、人文和自然旅游景观，以及大量的附着其上的宏大的无形资产。保护与传承广大村寨的民间文学艺术，促进民族村寨的和谐发展，也是实现村寨居民人权保障的有效途径。

---

① 吕睿. 新疆民间文学艺术知识产权保护研究[M]. 北京：法律出版社，2014：49.

② 吴汉东. 知识产权的私权与人权属性——以《知识产权协议》与《世界人权公约》为对象[J]. 法学研究，2003(3)：59.

③ 陈圆. 知识产权与人权的冲突问题研究[D]. 广州：广州大学，2019：10.

④ 摘自《国家乡村振兴战略规划(2018—2022年)》。

（二）发展权与乡村振兴、民间文学艺术保护的契合

1. 发展权是第三世界国家争取的重要权利

发展权，是指作为个体或群体的全人类应该享有的、不可剥夺的获得经济、社会、文化、科技、政治等全面发展并享受发展成果的权利。在发展中国家和发达国家的交锋和争论中，围绕发展权的辩论和斗争一直没有停止过。20 世纪 70 年代，发展权的概念在联合国举办的论坛上，由发展中国家提出。从最初的意义上讲，发展权是一种"穷人的权利"，目的是为了保障发展中国家群众能够获得公平公正的发展机会，享受人类的发展成果。经历近 20 年的漫长斗争历程，发展权才获得国际社会的普遍接受。联合国在 1979 年的《关于发展权的决议》中确认了发展权是人权的基本要求，保障了公平公正的经济发展。1986 年，第 41 届联合国大会通过了《发展权利宣言》，国际社会人权概念得以进一步丰富和发展，发展权被确立为不可剥夺的一项人权。① 作为第三代新人权的发展权，是人权的重要组成内容，而且是一项集体人权。

从国际层面而言，大多数发展中国家经历了较长时期的殖民统治，西方国家从殖民地掠夺了大量财富。发展中国家取得政权独立后，又面临种族、部落和宗教冲突和紧张局势。现有的国际社会经济和贸易秩序规则是西方国家凭借其经济地位和政治话语权等优势建立的。不公平的国际贸易体系使得发展中国家成为原材料提供国、人力资源输出国，并在此过程中生态环境、传统文化等均遭受不同程度损失。而且，发展中国家人口增长率普遍较高，赡养负担沉重。发展中国家获取发展权的历程任重道远。在欧美发达国家主导下建立的国际知识产权保护制度正日益演变成为发达国家面向发展中国家进行资源掠夺、经济殖民、生物剽窃的工具。在某种层面上，对于发达国家而言，知识产权制度在激励创新、鼓励创造、推进现代治理等方面的作用愈加明显，是保护其知识创新的工具。但对于广大发

---

① 庞森. 发展权问题探究［J］. 国际问题研究，1997（1）：25.

展中国家，特别是传统村寨、土著民族而言，知识产权制度成为外部势力对本民族民间文学艺术合法剽窃的工具。

基于第三代人权理论，发展才是硬道理，发展是所有个人、所有民族和所有国家的发展。当代社会的发展和进步，应当是发达国家和发展中国家、城市地区和传统社区的共同进步。发展权理论的提出和实践的推进，是人权理论的重大进步。它推动了国际社会更加关注落后群体和弱势群体，更加聚焦全人类的全面、协调发展。无论国际社会还是主权国家，任何制度的制定、政策的落实都要以满足人的权利为目标。

2. 土著民族为实现其发展权进行了不懈努力

传统村落是土著居民赖以生产、生活的精神家园，培养和孕育了丰富灿烂的多民族文化。民间文学艺术与传统部族、原住民的历史、文化和现代生活密切相关。根据联合国土著问题常设论坛(UNPFII)的说法，全球90个国家或地区有3.7亿多土著人民。根据国际劳工组织的统计，全世界大约有4000个土著民族群体。在西半球，土著人民是该地区非常重要的组成部分。在巴拉圭、危地马拉、玻利维亚和秘鲁，大部分人口都是土著人。在哥伦比亚和墨西哥，土著人的数量相当可观。在北半球的大多数国家，土著人仍然存在，特别是在多元化的国家。土著人民几千年来发展的民间文学艺术，如今他们依然持有，并且这些艺术资源在保护和持续利用文化多样性方面具有根本性的作用。在这些人与自然和谐相处的地方，和谐的生态系统依然存在。① 这在很大程度上保持了文化及生物的多样性。这些传统部族世代生活在资源丰富、气候多样、文化遗产种类繁多的村寨或部落，当地的民族民间艺术或传统技艺是其重要的生产生活方式，土著居民对这些文化资源拥有天然的情感和热爱。保护传统文化资源、实现乡村发展是土著居民实现个人和集体权利的必然要求。为实现民族文化自决、民族发展，防止文化权利滥用，土著民族进行了长期的、艰苦卓绝的抗争。

---

① Mindahi Crescencio Bastida-Munoz, Geraldine A. Patrick. Traditional knowledge and intellectual property rights: Beyond trips agreements and intellectual property chapters of ftas [J]. Michigan State Journal of International Law, 2006(14): 259.

土著人民一直有自己的法律和程序来保护其遗产，并确定何时和与谁分享其遗产。这些规则可能很复杂，而且在不同的土著民族之间差别很大。要彻底描述这些规则几乎是不可能的任务；无论如何，每个土著人民都必须按照自己的理解自由解释自己的法律制度。土著人民通过基层运动响应了制定法律保护土著文化财产的需要。一些土著人民正试图设计和制定部落特有的法律，从而使自己从主要的法律范式中解放出来，并带头寻找解决办法。传统部族特别强调通过修改现行知识产权法，否定其他人对其传统文化资源进行商业化利用的资格和能力。他们认为，传统文化资源保护问题不仅仅是一个补偿问题，不仅仅是通过传统知识和资源的交换而获取一些金钱，而是让传统部族控制其传统文化资源，由传统部族决定其传统文化资源是否商业化以及如何商业化。

3. 民间文学艺术是土著民族实现乡村发展的重要引擎

民间文学艺术是土著民族、传统部族等在历史中形成的"知识财富"，具有较强的艺术价值，是一种知识产品。在我国，蒙古族长调字少腔多，高亢悠远，且拖腔悠扬、舒缓，是蒙古族群众"逐水草而居"的生活方式的体现。居住在我国西北地区的维吾尔族群众的音乐继承了古代西域地区"龟兹乐""疏勒乐"的传统，又吸收了中原、印度的曲风，形成了富有特色的地方民族音乐。土家族音乐形式薅草锣鼓歌是土家人在薅草、挖土、栽秧时的一种歌乐活动，它产生于人民劳动中，又应用于劳动之中，且与武陵山区的地理特征和区域位置紧密相连。它曲调悠扬，演唱内容丰富，表演形式多样，蕴含着土家族人劳作时的精神文化内涵，是土家族的一种独特的民间艺术形式。鄂伦春族传统手工艺人从大兴安岭生长的白桦树取材，制作出大量精美的桦树皮手工艺品。对民间文学艺术经济价值的认识，除了可起到重要的文化作用(如民族身份认同、全球文化多样性保持、民族事务自决等)，还可以在经济发展中发挥作用。知识产品在经济学上是资源，在法律上则可视为一种财产。① 民间文学艺术也是村寨居民维持

---

① 吴汉东. 关于知识产权基本制度的经济学思考[J]. 法学杂志，2000(4)：59.

生存与发展的优势资源，这种无形财产的开发和利用，可以解决现代人生活的诸多问题，给现代人带来巨大的经济效益和财产利益。民间文学艺术的经济价值使其成为带动土著民族、传统部族经济发展的新的引擎。

首先，民间文学艺术在创造就业和消除贫困方面表现出巨大的潜力，特别是对于交通不便、位置偏远的传统社区、乡村地区而言，其更是改善民生、提高经济收入的重要原动力。发展民间文学艺术版权经济、专利经济、品牌经济，是民间文学艺术经济价值实现的根本途径，也是传统知识经济价值的深层表现。在激烈的市场竞争中，民间文学艺术逐渐释放出神奇的吸引力。以传统文化作为创新元素的产品具有象征化、符号化、直观化等特征，民间文学艺术、传统手工艺的开发和利用，带来了巨大的经济价值。

其次，民间文学艺术资源已经成为创新和创造的重要来源。西方的音乐家和歌手将美洲和南非的音乐元素融入现代流行音乐中大获成功，借此获得丰厚的收益。音乐方面，原住民、传统社区、部族的音乐旋律、曲调、歌词、音乐风格等常常被社区外的音乐人、公司所冒用或者盗用。国际流行音乐中，有不少流行音乐都离不开原住民、传统社区、部族的音乐元素对歌曲的贡献。在1996年亚特兰大奥运会的开幕式上，世界著名的德美音乐乐队英格玛(Enigma)演唱了奥运会的主题曲《回归纯真》。当这首歌在全世界千家万户中回响时，我国台湾地区的原住民认为这是一首地方的民歌，是他们成长和文化的组成部分。① 在2004年格莱美颁奖典礼上，不拘一格的嘻哈/放克超级二人组OutKast以一种带有缥缈的、印第安音旋律的表演 *Hey Ya*！博得全场喝彩。② 融入了民间文学艺术的作品，往往能在国际文化市场中得到更多关注，获得国际社会的广泛认可。虽然，这些民间文艺资源的使用常常是没有获得原住民的许可，也没有标注来源和出处。

综上所述，知识产权中的发展权就是帮助弱势群体共享智慧成果所产

① Bryan Bachner. Facing The Music：Traditional Knowledge And Copyright［J］. Human Rights Brief，2005(12)：9.

② Angela R. Riley. "Straight stealing"：Toward an indigenous system of cultural property protection［J］. Washington Law Review Association，2005(80)：69.

生的收益，推进文化传播和知识创新，促进全人类共享社会发展成果。知识产权中的发展权的目标就是改变全世界范围内知识产权占有和发展的不平衡、不充分的现状，创建知识产权共同体，促进全球范围内智慧成果的传播和发展。① 乡村振兴制度的推进和民间文学艺术的保护可以使村寨居民比较充分地实现民间文学艺术上的经济利益，从而改善他们的经济条件和物质处境，这从源头上和根本上维护了村寨居民的发展权。乡村振兴背景下，通过加强民间文学艺术的知识产权保护，有助于推动农村群众经济、健康、生活等方面全面发展，提高其社会福利，使其摆脱贫困状态，从而更有效地促进其发展权等人权的实现。

对于发展中国家和传统部族而言，对民间文学艺术进行知识产权法保护、非物质文化遗产保护，是保障发展中国家和传统部族发展权的重要途径。在我国大部分农村地区，区域位置的偏远、生产方式的落后、科学技术发展存在不足，民间文学艺术等传统知识是他们的主要文化资源和基本生存方式。对这些传统知识提供知识产权保护，依靠知识产权制度实现民间文学艺术的利益分享权和话语权，既是实现民族自决权的体现，也是实现发展权的重要途径。②

二、法哲学视角下乡村振兴与民间文学艺术保护的正当性

(一)公平原则视角下乡村振兴与民间文学艺术保护的正当性

公平与正义是法律的价值追求。公平概念最早可追溯到古希腊，来自对不公平的社会关系的调节。柏拉图、亚里士多德把公平和公正同等看待，并区分为广义公平和狭义公平。把狭义公平区分为分配公正和矫正公正。公平原则为乡村振兴视角下民间文学艺术的保护提供了理论基础。

---

① 张冬，牟群鹏.知识产权运营中发展权保护的几个基本问题[J].学术交流，2018(12)：79.

② 张耕.民间文学艺术知识产权保护的正当性——以人权保护为视角[J].学术论坛，2006(12)：57.

就公平原则下知识产权保护的正当性思考，学者们进行了广泛探讨。Emily Marden、Nelson Godfrey 认为，知识产权需要在促进专有保护的制度与鼓励共享资源的制度之间取得平衡。① Ronald O'Leary 认为，知识产权已经从自然权利转变为创新者利益和公众利益的平衡。②

市场经济条件下，外部主体窃取民间文学艺术资源进行市场化开发、获取不正当利益的行为时常发生。即使根据西方有关知识产权和竞争的法律，夺取或窃取有关传统文化成果并遮盖其来源进行兜售，也被认为是不公平和欺骗性的。公平是在法律的普遍适用存在缺陷的时候对法律的一种矫正。应运用公平原则来限制权力的专断性。现代社会市场经济法则下的物质资源分配普遍集中在城市，农村的经济社会发展面临空心化等一系列问题。乡村与城镇一样，都在国家治理体系中占有重要位置，农民与市民一样都应该享受科技进步和社会发展带来的物质和精神繁荣。公平原则在知识产权制度中表现为利益平衡原则。有学者早就指出，利益平衡原则要求知识产权制度应当兼顾个人利益和社会利益的要求。③ 有学者认为，知识产权人的私权利益与公共利益之间的利益平衡，是知识产权法律制度的基石。④ 还有学者认为，利益平衡在知识产权法中有着特殊的存在价值和意义。⑤ 有学者认为，公平原则在知识产权法上表现为，知识产权法赋予所有人对其创造的知识财产享有知识产权的均等机会以及行使知识产权的机会、权利限制与反限制制度的平衡。⑥ 民间文学艺术是传统部族的智慧

---

① Emily Marden, Nelson Godfrey. Intellectual property and sharing regimes in agriculture genomics: Finding the right balance for innovation [J]. Drake Journal of Agricultural Law, 2012(17): 21.

② Ronald O'Leary. How Treaties and Technology Have Changed Intellectual Property Law[J]. Journal of International Business and Law, 2016(16): 35.

③ 吴汉东. 知识产权的私权与人权属性——以《知识产权协议》与《世界人权公约》为对象[J]. 法学研究, 2003(3): 29.

④ 冯晓青. 知识产权法哲学[M]. 北京：中国人民公安大学出版社, 2003: 8.

⑤ 任寰. 论知识产权法的利益平衡原则[J]. 知识产权, 2005(3): 79.

⑥ 齐爱民. 论民法基本原则在知识产权法上的应用[J]. 电子知识产权, 2010(1): 91.

创造成果，具有极高的艺术价值和经济价值。而现实生活中，许多传统艺术在未经许可利用的情况下，社区得到的经济利益与剥削者的巨额利润相比往往显得微不足道。从公平角度出发，民间文学艺术与现代社会的智力创造成果一样，创新者应获得开发、利用所产生的收益。利用知识产权机制保护民间文学艺术有利于对民间文学艺术的承认和进行公平补偿，最大限度实现民间文学艺术的创新效益与"分配正义"。

（二）洛克财产权劳动理论视角下乡村振兴与民间文学艺术保护的正当性

自然法中的财产权劳动学说从劳动的角度为财产权的发生提供了正当性依据。英国古典政治经济学家亚当·斯密指出，每一个人在其劳动中拥有的财产，正如它是所有其他财产的最初根源一样，是神圣的不可侵犯的。[1] 17世纪英国资产阶级哲学家和政治法律思想家洛克因袭了自霍布斯等人以来自然法学家的传统，提出了自然状态、自然法、自然权利和社会契约理论，并进一步发展了财产权劳动学说。

洛克认为，自然法赋予了人类不可剥夺且不可转让的生命权、自由权和财产权。这些权利是人类生来而天然具有的，其中尤以财产权为核心。洛克将其财产权理论分为五个层次。[2] 在第二部《政府论》的第五章中，洛克描述了一种自然状态，在这种状态中，通过上帝的恩赐，物品被共同持有。上帝赐予人类这种恩赐是为了让人类享受。但这些物品在它们的自然状态下是无法享受的，个人必须通过劳动将这些物品转化为私有财产。这种劳动增加了物品的价值，只有通过这种方法，人类才能享受物品的价

---

① 冯晓青. 知识产权法哲学[M]. 北京：中国人民公安大学出版社，2003：8.

② 从最初占有的角度讲，自然界的所有物品都归人类所共有；从私有产生的角度讲，自然共有物的某些部分成为人们的私有财产，并不需要经过全体世人的明确协议；从个人私有的角度讲，个人通过劳动使自然共有物转变为私人财产；从私有程度上讲，个人通过劳动把处于自然状态中的东西变为私有的东西是有条件的；从私有效果上讲，私人财产不仅不减少反而增加了人类的共同积累。摘自：应鹏. 试析洛克的"财产权"理论[J]. 东南大学学报(哲学社会科学版)，2009(11)：59.

值。洛克提出，在这种原始状态下，有足够多的无人认领的物品，因此每个人都可以使用自己的劳动物品，而不会侵犯他人所占有的物品。尽管这种说法通常被理解为对一般商品(物品)的描述，但"足够多"和"良好的情况"在概念上也是对人类的描述。换句话说，这种情况之所以成为可能，是因为人类有限的能力给每个人通过劳动所能获得的财富设置了一个自然的上限。"足够多"和"良好的情况"保护了洛克的劳动正当性，使其免受任何声称财产带来不道德不平等的攻击。从本质上说，"足够多"且"良好的情况"提供了平等的机会。这也导致了一种非竞争性的商品分配：每个人可以得到他愿意为之工作的任何东西，而不会产生与他人的竞争。① 洛克的财产权劳动理论认为，人通过劳动使处于共有状态的财产归其私有，财产权是由个人劳动创造的，是个人的自然权利。洛克认为，由于劳动者的身体和他的劳动都属于劳动者所有，所以"只要他使任何东西脱离自然所提供的和那个东西所处的状态，他就已经掺进他的劳动，在这上面掺进他自己所有的某些东西，因而使它成为他的财产"。②

　　洛克的财产权劳动理论在一定程度上能合理解释乡村振兴与民间文学艺术保护的正当性。第一，通过设定"劳动"这一纽带，洛克将人与自然紧密联系起来，将财产权从"个人归属"转化为"自然为个人所拥有"这一层次。人通过劳动使处于共有状态的财产归其私有，这里的劳动包括体力劳动，当然也包括智力劳动，劳动对其劳动成果的自然权利应当扩展到智力成果领域。劳动者的智力劳动富含了人类思想和智慧，比简单体力劳动更高级。第二，劳动取得财产权需要满足"留有足够的同样好的东西"的先决条件，而民间文学艺术保护通过对权利主体、权利内容、权利限制等角度的设计能够满足这一条件。民间文学艺术是传统部族世代创造的文化财富，土著民族、社区在文化创作、传承保护中付出了大量艰苦的劳动创

---

　　① Justin Hughes. The Philosophy of Intellectual Property[J]. Georgetown University Law Center and Georgetown Law Journal, 1988(12)：287.

　　② [英]洛克. 政府论(下篇)[M]. 叶启芳，瞿菊农，译. 北京：商务印书馆，1964：19.

造。知识产权法通过保护创作作品的作者，为经济激励加一把柴，如果作者认为他的作品将受到法律保护，那么他就会受到激励，从而创作更多公众可以接触到的作品。①

（三）黑格尔人格权说视角下乡村振兴与民间文学艺术保护的正当性

18 世纪德国思想家黑格尔在《法哲学原理》中对人格、所有权及相关问题进行了论述。根据人格权理论，人格形成了任何财产制度的基础，财产作为人格的组成部分，通过对其占有、支配、处分等与其发生联系，来表明自己的人格。

黑格尔哲学的核心是建立了他对人类意志、人格和自由的复杂概念。在黑格尔看来，个体的意志是个体存在的核心，是个体在世界中不断寻求实在性（现实性）和有效性的核心。黑格尔认为，在个人的精神构成中，有一种元素的层次结构，其中意志占据了最高的位置。黑格尔坚持认为物权与人格权应该是统一的，人格权本质上是物权。黑格尔曾写道：智力、学识、艺术技巧，甚至是教会的东西（如布道、弥撒、祈祷、献祭物）、发明等，都成为契约的主体，通过买卖，与公认的事物（商品、财产）形成平等的关系。人通过财产权将自己的意志客观化，并表达了其对于他人即社会整体化的需要，财产成为个人人格的延伸。在黑格尔看来，知识产权不需要通过类比于实物产权来证明其正当性。事实上，对物质属性的类比可能会扭曲黑格尔所赋予的与意志有关的人格和精神特征的地位。②

对黑格尔来说，随着个体与更高的客观秩序结合并通过更高的客观秩序表达出来，自由越来越得以实现。黑格尔认为，意志在不同的活动层次上与外部世界相互作用。心理过程——如识别、分类、解释和记忆——可

① Spangler Stephanie. WhenIndigenous communities godigital：Praotecting Traditional Cultural Expressions through integration of IP and customary law ［J］. Cardozo Arts & Entertainment Law Journal，2010(27)：709.

② Justin Hughes. The Philosophy of Intellectual Property［J］. Georgetown University Law Center and Georgetown Law Journal，1988(12)：287.

以被视为心灵对外部世界的占有。然而，认识和由此产生的知识是世界强加给我们的意识的，意志不受这些印象的束缚。

相比洛克的财产权劳动理论，人格理论在解释民间文学艺术保护的正当性时，似乎更加具有说服力。人格理论认为，智力成果的创造者之所以对自己的智力成果享有权利，是因为该成果不但是劳动的产物，更因为其中包含了人的自由意志、精神和人格，而人的自由意志和人格作为存在的本体是不能够放弃和转让的，因此必须给智力成果设置权利，包括物质性的权利和精神性的权利。因此，黑格尔的人格权理论可以成为乡村文化振兴与民间文学艺术保护的理论基础之一。

第三章 乡村振兴视角下民间文艺法律
保护现状及不足

民间文学艺术是各族群众在长期的生产和生活实践中形成并流传下来的，具有本民族固定性和特定性的精神文化资源。我国现有的民间文学艺术保护制度，大都坚持"保护为主、抢救第一、合理利用、传承发展"的方针。从《宪法》《民族区域自治法》，到《传统工艺美术保护条例》，现有的法律制度在民间文学艺术的保存、传播方面均存在诸多缺陷。民间文学艺术保护的现有立法以公法保护为主，欠缺私法的保护，原则性规定较多，缺乏可操作性。《传统工艺美术保护条例》从实用美术的角度，侧重于对传统手工艺的物态进行保护，对知识产权的相关部分只是稍作提及，[①] 而且该条例颁布至今已有20多年的时间，相关规定也显得原则性太强，可操作性太弱。由于目前国内还没有界定民间文学艺术产权归属的法规，形成其权属的不确定性和利用的无序性，导致国内民间文学艺术的运用、取得及商业化的利益分配不合理，使文化的保护受到很大制约。

由于民间文学艺术本身的脆弱性和当代文明的剧烈冲击，民间文学艺术面临着前所未有的存续危机。在乡村振兴战略大力推进的背景下，我国民间文学艺术传承和保护迎来新的契机。民间文学艺术法律保护涉及知识产权和非物质文化遗产保护等制度保护。就知识产权制度而言，民间文学艺术等知识性、智慧性成果具有现代知识产权意义。就非物质文化遗产保

---

① 张西昌. 传统手工艺的知识产权保护研究［D］. 西安：西安美术学院，2013：31-36.

护制度而言，《非物质文化遗产法》的实施，挽救了一批非物质文化遗产的消亡，促进了非物质文化遗产的合理开发，使越来越多的人愿意加入传承、保护非物质文化遗产的事业中来。究竟何种保护方式最契合乡村振兴战略下我国民间文学艺术保护的现实需求，现有保护制度在践行中存在哪些不足，本章将对此予以分析。

第一节 乡村振兴视角下民间文艺法律保护现状

一、知识产权保护制度

现代知识产权制度是为了鼓励创造、激励创新、保护人们的智力劳动成果而建立的，包含著作权制度、专利保护制度、商业标识及地理标志等制度内容。知识产权法通过授予智力创造者和其合法受让者的专有权利，同时也通过权利限制、保护期限制等一系列法律机制，实现知识产权和社会公众利益的平衡。

(一)著作权制度

著作权制度与民间文学艺术作品保护具有一定的契合性。一是表现形式上的趋同性。著作权保护的对象和民间文学艺术一样，都是存在于文学艺术领域的智力成果，都是在文学或艺术领域具有较强价值或审美意义的文化表达形式。民间文学艺术本身更接近著作权的客体，民间文学艺术的大部分表达形式可以在著作权作品类别中找到对应项。二是权利内容方面具有一定的相似性。著作权保护和民间文学艺术保护一样，在权利内容方面都包括表明主体身份权、表明来源权、防止他人未经许可的滥用或歪曲性使用等人身或财产权利。三是民间文学艺术具有很强的地域性特征，其不仅需要民间文学艺术所在国法律程序上的确认和保护，更需要通过国际条约和协议等得到国际社会的认可，甚至需要国际组织来进行协调和保护。

著作权法保护制度也存在很多局限与不足。在指导思想方面，著作权制度是商品经济的产物，其潜在的指导思想是实用主义和个人主义。民间文学艺术的创作和形成，不是为了开发利用，为了谋利，而是传统社区遵照其传统和信仰履行某些仪式，或者服务于社区原住民或者传统居民的生产与生活。在权利性质方面，著作权是对作者授予的一种排他的、私有的财产权。而民间文学艺术体现为传统社区或者族群的某种公共物而为社区服务。在保护条件方面，著作权要求作品具有独创性，要求具有最低限度的创造性，而民间文学艺术则为传统社区代代相传、累积创新的产物。另外，在作者身份、有无固定性及有限的保护期等方面，民间文学艺术与著作权法均存在抵触。

（二）专利制度

传统手工艺体现传统科技，与现代工业品外观设计在技术机理上具有某种内生的契合性，故其与专利法存在密切关联。传统手工艺包含较高的技术元素，表现为传统手工艺品的制作或者工艺方法，包括材料选择与加工方法等。① 我国《专利法》要求所授予的专利技术，具有新颖性、创新性的特征。只要符合专利制度相关要求，传承人是可以通过申请专利的方式

---

① 例如，靖西绣球制作过程包括了打布托、画瓣、绣花、金箔纸包边等 8 项流程。花竹帽编织过程中的弯拱剖丝环节要在主篾首尾两端梳细割薄之后，用手环拱，借挤压之力将薄丝均匀分出，分出的篾要求细如发丝。苗族银饰锻制工艺复杂、工序繁多、技艺高超，主要有融银、锻打、拉丝、掐花、镶嵌、铆接、清洗等 17 道工序。融银：银匠在制作银饰前，将银料放入坩埚内，然后置于火炉上，将木炭全部盖好，再用风箱鼓风升火增温。银料全部融化成液体后，把它倒在条状的钢槽内凝固，即成银饰品制作胚胎。锻打：将凝固的热银胚胎捶打紧实，然后捶打成四方形长条，一般要经过千百次反复锻打，最后将银条捶打成直径约 3 毫米的圆柱状细银条。拉丝：将已经制作好的银条投进拉丝板中，摆动拉丝装置，源源不断的银丝顺着拉丝板流出，由大到小反复扯拉，最终形成银丝。掐花：将做好的银丝掐成不同的图案，嵌入银丝框内。镶嵌：将编好的掐花图案摆放在木板上，撒上焊粉，点燃煤油灯，用特制铁管对着吹，加热焊接。清洗：把银饰涂上硼砂溶液，加热烧红，然后用木炭火烧除去附着在银饰表面的氧化物，之后放在盛满明矾溶液的紫铜锅里，煮沸一至两遍，以清水洗净，用铜刷刷亮。以上资料来源于广西靖西市、湖南湘西州调研访谈中获取的资料。

对传统手工艺加以保护。传统手工艺在特定范围内是具有封闭性的，在封闭状态中又是不断发展变化的；传统手工艺在特定区域传承，需要手工艺人不懈努力，需要适应社会时代不断发展创新。可见，在传统手工艺发展创新的过程中，其便具有了创新性的特征。

因此，只要符合专利法上的新颖性、创造性和实用性，民间文学艺术中的生产工艺及其生产品是可以获得专利技术的，主要是外观设计制度的保护。专利保护有利于对民间工艺特定表演技巧、展示方式、造型风格和技艺诀窍，以及制作工艺等技术性传统文化资源进行保护，但却面临专利审查中所要求的新颖性、创造性、实用性认定问题，并且只能在专利权保护期限内对民间传统技艺提供有限的保护。另外，在自给自足封闭状态下的传统村寨，传统手工艺品等民间文艺产品大都处于自产自用的状态。随着消费需求的增加和人们生活方式的转变，民间文艺产品的需求增加，工业化生产方式向传统社区和村寨进行渗透，利用现代工业技术将传统工艺、技艺扩大再生产的情形时常发生，这更增加了传统民间工艺认定的难题。

（三）商标制度

与著作权保护制度不同，商标权保护制度以区分商品或服务来源和保护经营者商誉为目的。民间文学艺术产品生产者或经营企业在商品经营活动中为了凸显商业形象所使用的具有独特意义和鲜明识别功能的文字及图符，这些"标志"元素的知识产权保护，需要商标法等商业标志法予以确认。商标制度对保护对象的要求并不是新颖性、创造性或独创性等特征，而是可识别性、显著性和地源性等特征。商标制度对传统文化资源的保护，主要是通过将民间文学艺术及其要素注册成为有权使用该民间文艺的专用商标，从而限制其他人在同一商业领域内的模仿。

商标保护制度为传统设计产品在竞争激烈的市场中发挥着众多作用，如指定特定产品或服务的来源、展示产品或服务中体现的特定质量标准、识别产品或服务、保护公众免受困惑和欺骗等。相对于著作权、专利权等知识产权保护手段，商标制度在保护传统知识方面具有显著的优势和特点。第一，保护门槛较低，保护范围较为宽泛。民间文学艺术以文字、口述、音乐、戏剧、舞蹈、美术等为表现形式，只要其形式或内容方面符合商业标识制度所规定的可识别性和显著性特征，且在此之前尚未有其他人将其注册为商标使用的，均可以注册为商标使用。民间文学艺术本身或其载体以及其他有关因素在长期使用过程中得到社会公众和市场的认可、信赖和优良评价，形成了良好的市场声誉等无形财产利益。商标法在民间文学艺术保护方面的使用范围较之著作权法和专利法更为广泛，几乎不受时间限制以及不受新颖性条件限制，与民间文学艺术有关的商标只需满足识别性这一条件即可受到保护。第二，契合了民间文学艺术的群体性、民族性和地域性特征。商标常常代表商标权人通过长期的生产经营活动积攒起来的一种深层次的商业信誉，代表着一定的产品质量保障。商标保护可以保障民间文学艺术来源群体中的全部个体都可以享有使用特别商标的权利，这种商标多以集体商标和证明商标出现，从而使群体中个体的利益得到保护。通过现有的法律保护制度，民间文学艺术传承者可以通过注册、申请等方式获得证明商标或者集体商标的专有权，获得商标制度保护。①商标和地理标志常常与其原产地、生产条件或生产商的身份联系起来。第三，商标权的保护期可以通过续展而不断延长，突破了其他知识产权制度在保护传统知识方面受保护期限的限制。

（四）商业秘密制度

不外传的民间文学艺术或传统手工艺可以给传承人带来经济利益，具

① 2019年修订的《商标法》第三条规定：经商标局核准注册的商标为注册商标，包括商品商标、服务商标和集体商标、证明商标；本法所称集体商标，是指以团体、协会或者其他组织名义注册，供该组织成员在商事活动中使用，以表明使用者在该组织中的成员资格的标志。国家工商行政管理总局的《集体商标、证明商标注册和管理办法》第六条第一款规定，申请以地理标志作为集体商标、证明商标注册的，还应当附送管辖该地理标志所标示地区的人民政府或者行业主管部门的批准文件。

有实用性，并经传承人采取各种保密措施，其完全符合商业秘密的构成要件。即传统文化资源只要具有商业价值又处于相对秘密状态，且采取相应保密措施的技术、经营信息均可成为《反不正当竞争法》的保护客体。不外传而又不涉及精神信仰的传统文化资源，不反对商业化，但是对保密具有很高的要求，通过专利权不能实现保密的要求，而通过商业秘密保护则可以有效地进行商业秘密保护。

商业秘密保护还有一个优势，就是对于不符合专利法实用性、新颖性或者创造性要求的民间文学艺术，可以进行商业秘密保护。商业秘密保护也无须受保护期限限制，无须公开技术方案，不必经过特定部门授权。通过商业秘密保护方法将那些采取保密措施但是又不能申请专利的传统知识进行保护，可以有效保护传统知识传承人的经济利益。对于村寨居民而言，生活中的民间文学艺术经过多年的流转，在特定区域内的传播，早已成为民族、部族内部公开的秘密，完全处于绝对秘密状态的传统知识并不多见，多数民间文学艺术不可能不为公众所知悉，处于"秘密状态"，而且我国也没有一部完善的商业秘密保护法，只是散见于一些法律、法规的条款当中。因此，商业秘密可以有限度地保护民间文学艺术，推进乡村文化振兴。

二、非物质文化遗产保护制度

20 世纪 70 年代国际社会开始探索非物质文化遗产保护。联合国教科文组织《保护世界文化和自然遗产公约》率先提出"世界文化遗产"的概念，将符合公约规定的文物、建筑群、遗址纳入保护范围。1989 年，联合国教科文组织通过了《保护民间创作的建议案》，提出"民间创作（民间传统文化）"的概念。1998 年联合国教科文组织起草的《世界文化发展报告》，对文化遗产作了"物质遗产"和"非物质遗产"的区分。2003 年，联合国教科文组织通过了《保护非物质文化遗产公约》，该公约明确提出非物质文化遗产的概念及保护的标准、程序、原则等内容。以上系列公约、建议案、宪章、宣言、条例等构成了非遗国际法律保护框架。

非物质文化遗产体现的是一个民族、地区、国家的文化传统，是人类文化多样性的重要组成部分，往往体现了一个民族、地区、国家乃至全人类的公共利益。从法律性质的角度，非物质文化遗产保护法律兼具公法保护与私法保护的双重性质。① 非物质文化遗产保护制度中的宣传教育、财政资助等行政保护举措具有一定的国家强制力，而对于传承人人身和财产权利的保护又带有一定的私法色彩。从保护法的角度分析，非物质文化遗产保护法律既要从社会公共利益的视角出发，保护文化遗产的多样性和非遗项目的可持续发展，又要站在传承人、传统村寨或社区集体的角度，保障其生存和发展，维护非遗项目的活态传承。因而，非物质文化遗产保护具有公法保护的性质。

2005 年，我国《关于加强我国非物质文化遗产保护工作的意见》及其附件《国家级非物质文化遗产代表作申报评定暂行办法》的出台，标志着非物质文化遗产法律体系的重大完善。2011 年，我国《非物质文化遗产法》颁布出台，标志着国家非物质文化遗产保护有了明确的法律依据。《非物质文化遗产法》设置了"传统口头文学以及作为其载体的语言""传统美术、书法、音乐、舞蹈、戏剧、曲艺和杂技"等六个保护类别。《非物质文化遗产法》的实施，挽救了一批非物质文化遗产的消亡，减缓了一批非物质文化遗产的凋零，记录了一批已经灭绝的文化生态形式，使一些沉寂许久的非物质文化遗产焕发生机，让非遗保护的理念深入人心，并且促进了非物质文化遗产的合理开发，使越来越多的人愿意加入传承、保护非物质文化遗产的事业中来。另外，我国分别于 2006 年、2008 年、2011 年和 2014 年命名的四批国家级非物质文化遗产名录中，民间文学、民间舞蹈、传统戏剧、曲艺、民间美术等位列其中。这些艺术形式均为民间文学艺术的重要组成部分，民间文学艺术属于非物质文化遗产法的保护范畴。

政府主导的非物质文化遗产保护是民间文学艺术保护的重要力量。乡

---

① 唐海清. 国际法视野下非物质文化遗产保护问题研究［M］. 北京：法律出版社，2018：151-152.

村振兴中产业兴旺、生态宜居、乡风文明、治理有效、生活富裕等各方面总要求的实现都离不开政府力量的推动。政府主导下的民间文学艺术保存、传播、利用制度和乡村振兴制度的完善是实现乡村振兴战略和民间文学艺术保护任务目标的重要路径。非物质文化遗产保护中的名录保护制度、传承人保护制度、宣传教育制度对于保障村民利益、推进文化传承和乡村发展具有重要意义。《非物质文化遗产法》确定的制度保护路径主要有以下几个方面。

（一）普查制度

普查和登记是做好非遗保护工作的前提和基础，是世界各国传承与保护好非物质文化遗产的前提和基础。非物质文化遗产调查制度被世界各国广泛应用于非遗保护。在巴基斯坦，该国成立了国家传统文化民俗研究院，负责民间文学艺术等资源的收集、记录和保存。乌兹别克斯坦启动了非物质文化遗产保护"十年计划"，对民间文学艺术资料的收集、整理和登记是其中的重要内容。在澳大利亚，根据该国文化发展战略，国家图书馆在民间文学艺术的记录、整理和资料查找等工作中承担重要职能。① 非物质文化遗产普查的意义在于通过登记、评估、筛查，可以将非物质文化遗产从众多传统文化事项中甄别出来。②

民间文学艺术是新中国社会主义文化的一个重要组成部分。新中国成立不久，我国政府就在全国范围内开展了大规模的民族社会历史调查和民族识别工作。改革开放不久，在政府组织、文艺协会等民间力量参与下，各地各族民间文学调查、采录等各项工作蓬勃开展。进入 21 世纪，非物质文化遗产保护为民间文学搜集整理提供了新契机，现代传播媒介则推动了民间文学采录的多元化。70 多年来，我国民间文艺资源普查工作取得阶段

---

① 曹德明. 国外非物质文化遗产保护的经验与启示（亚洲其他地区与大洋洲卷）[M]. 北京：社会科学文献出版社，2018：1037，1097.

② 苑利. 非物质文化遗产普查工作中的遗产价值认定问题[J]. 宁夏社会科学，2008（3）：79.

性成果。① 民间文学艺术的保护是一个活态的变迁过程，尤其在工业化迅猛发展的历史背景下，民间文学艺术面临着被仿冒、造假、不正当利用等情况威胁，开展民间文艺资源的普查是做好民间文艺资源保护的前提。在普查工作中，各地区民族工作、文化旅游部门做出了大量基础性的工作。行业协会等民间社团在政府与民间文化传承人之间发挥了桥梁和纽带作用。大量文艺工作者、社会学家、民族学家深入农家、村寨、田间地头，搜集整理流传在民间的文化遗产。以民间艺术大师和优秀民间艺人领衔的、以农民艺人为主体的、以表演当地民间艺术为主要内容的民间艺术表演队蓬勃发展，走向群众生活，走向旅游景区，走向各种媒体，极大地激活了文化工作者与民间艺人的活力。众多高等院校都开始参与到民间文学艺术传承和保护的事业中来。

根据《非物质文化遗产法》，县级以上人民政府、文化主管单位行使非遗调查的行政职权。其中，县级以上人民政府组织非物质文化遗产调查；文化主管部门对非物质文化遗产予以认定、记录、建档，建立健全调查信息共享机制，公开非物质文化遗产档案及相关数据信息。公民、法人和其他组织可以依法进行非物质文化遗产调查。另外，还规定了非遗调查应当征得调查对象的同意，尊重其风俗习惯，不得损害其合法权益。调查制度通过调查、登记、采录，以建立档案和数据库等形式摸清我国非物质文化遗产的基本情况。非遗调查制度所获取的资料和数据是我国政府制定民间文学艺术政策的重要依据，特别是对调查中了解到的、濒临危险的民间文学艺术将采取措施进行抢救性保护。

（二）名录保护制度

名录制度起源于 1972 年联合国教科文组织制定的《世界遗产名录》和《濒危世界遗产名录》。1999 年，联合国教科文组织通过"人类口头和非物

---

① 向云驹. 民间文艺 70 年：成就、贡献与宝贵经验［N］. 中国艺术报，2019-9-30（012）.

质遗产代表作名录"的决定，名录制度的适用范围从物质文化领域扩展到非物质文化领域。① 在日本《文化财保护法》中，其将文化遗产细分为五个类别，分别为：有形、无形、民俗、纪念物和传统建筑群落五大类。产生时间不足 300 年的艺术类型，无权进入日本国家级非物质文化遗产名录体系。② 泰国将民间文学艺术纳入非物质文化遗产注册和认证体系。③ 法国实行"非物质文化遗产名录"制度，该遗产名录制度体系被定义为一个开放和发展的过程，主管当局认为每一个生活在法国的人都"承载着不同的非物质文化遗产"任务，名录体系的认证也不是一蹴而就的事情。④ 塞尔维亚制定《非物质文化遗产国家名册管理章程》，将非物质文化遗产区分为"知识名录""遗产保护名录""节日庆典名录""口头传统名录"等。⑤ 有学者从原住民个人、主权国家和国际社会三个层面分析了名录制度的优势。对土著或原住民而言，其可以增强各民族、群体及个人的自豪感，提升来源地域的民众生活水平；对主权国家而言，也可以从总体上把握非物质文化遗产的现实存量和实际价值；对国际社会而言，可以增强不同民族的文化认同，维护人类文化的多样性及可持续发展。⑥

　　21 世纪初，我国政府充分意识到非物质文化遗产保护工作的重要性和迫切性，成为联合国教科文组织《保护非物质文化遗产》的缔约国之后，在借鉴国际组织和国外非物质文化遗产保护经验的基础上，确定了我国非物

---

　　① 陈心林. 人类学视阈下非物质文化遗产名录制度的反思[J]. 青海民族研究，2015(4)：79.

　　② 苑利. 非物质文化遗产普查工作中的遗产价值认定问题[J]. 宁夏社会科学，2008(3)：45.

　　③ 曹德明. 国外非物质文化遗产保护的经验与启示(亚洲其他地区与大洋洲卷)[M]. 北京：社会科学文献出版社，2018：1001.

　　④ 曹德明. 国外非物质文化遗产保护的经验与启示(欧洲与美洲卷上)[M]. 北京：社会科学文献出版社，2018：71-73.

　　⑤ 曹德明. 国外非物质文化遗产保护的经验与启示(欧洲与美洲卷下)[M]. 北京：社会科学文献出版社，2018：472.

　　⑥ 李墨丝. 非物质文化遗产保护法制研究——以国际条约和国内立法为中心[D]. 上海：华东政法大学，2009：151.

质文化遗产保护的目标和方针，建立起非物质文化遗产的名录体系。我国实行非物质文化遗产名录制度，将体现中华优秀传统文化，具有重大历史、文学、艺术、科学价值的非物质文化遗产项目列入名录予以保护。①非物质文化遗产实行分级保护制度，逐步建立了国家级和省、市、县四级非物质文化遗产代表作名录体系。十余年来，随着非物质文化遗产保护宣传力度不断加强，政府不仅出台了相关扶持和奖励政策，还成立了专门机构开展这项工作。

就我国民间文学艺术保护的实践来看，建立非物质文化遗产保护名录制度是民间文学艺术保护的核心环节，对于民间文学艺术的保护与弘扬起到了巨大的推动作用。从实际运作层面来看，名录制度在实践中产生了误区。一方面是民间文学艺术主体性的遮蔽。在名录的遴选工作中，我国确立了"政府主导、社会参与"的工作原则，②政府在遴选中发挥主导作用。各级文化部门组织专家对区域内的民间文学艺术项目进行调研、普查、登记、遴选，在逐级申报、专家评审等环节后，由人民政府公布名录名单。我国的民间文学艺术保护活动由文化保护、民族宗教等部门大包大揽，缺乏民众的有效参与，名录保护制度不能从民间、民众的角度推进民间文学艺术保护。另一方面是对民间文学艺术价值的层级化、阶序化。通过名录制度的遴选，一部分民间文学艺术进入名录保护体系，得到政府在资金、场地、培训等方面的支持，获得更广阔的发展空间，而未能进入名录的民间文学艺术则意味着错失发展空间和机遇。在一个拥有五千年历史的文明古国，能进入保护名录的民间文学艺术注定只是少数。进入名录的民间文学艺术势必剥夺绝大多数名录之外的发展资源，极大地挤压其发展空间，导致相关民间文学艺术的萎缩乃至消亡。对进入名录保护的传统文化项目应避免一刀切式的保护模式，对于不同类别、不同发展阶段的传统文化保

---

① 参见《非物质文化遗产法》第 18 条。

② 2005 年 3 月 26 日，国务院办公厅发布了《关于加强我国非物质文化遗产保护工作的意见》，明确指出了非遗保护工作的原则，由此确立了政府在非遗保护工作中的主导地位。

护方式应有所差异。特别是一些民间故事、传说、歌舞表演等文化类型，在市场化开发中面临较多困难，濒临危险的文化项目应加大保护力度。

（三）传承人保护制度

非物质文化遗产保护的重要特征是以人为核心而开展的活态传承。无论是民间故事、音乐舞蹈还是传统手工艺等非遗艺术形式，无不与传承人发挥作用密切相关。传承与传播制度明确了非遗项目代表性传承人的认定、管理程序，明确了传承人的传习义务、经费补助标准和退出机制，体现了对非物质文化遗产"活态性"保护的理念。① 例如，日本大力推行"人间国宝"制度，由政府对重要无形文化遗产"保持者"，提供一定的生活保障，同时"保持者"要履行传承与发展传统文化遗产的义务。② 韩国实行"人类活的珍宝制度"，此项制度是针对无形文化传承人而制定的，致力于保护韩国传统文化的传承人。韩国的"人类活的珍宝制度"也得到了联合国教科文组织的采纳，并以文件的形式向全世界推广。泰国实行"国家艺术家保护"项目，由国王亲自进行认证和颁布。③

在我国，代表性传承人认定制度一般由各级文化行政部门根据传承人的申请征求专家意见后决定批准或不予批准。传承人制度的核心包括身份界定、权利与义务、社会组织与管理等几个方面。根据该项制度，非遗保护可采取命名、授予称号、表彰奖励、资助扶持等方式，鼓励代表性传承人（团体）进行传习活动。在该制度的推动下，非遗代表性传承人获得了国家和社会应有的重视，得到了一定的生活保障。

非遗保护是以传承人为核心展开的。代表性传承人享受荣誉的同时也

---

① 参见：中华人民共和国《非物质文化遗产法》《国家级非物质文化遗产项目代表性传承人认定与管理暂行办法》《关于进一步加大对非遗代表性传承人开展传习活动支持力度、落实好传习补助经费的通知》。

② 黄玉烨. 民间文学艺术的法律保护[M]. 北京：知识产权出版社，2008：107.

③ 曹德明. 国外非物质文化遗产保护的经验与启示（亚洲其他地区与大洋洲卷）[M]. 北京：社会科学文献出版社，2018：1001.

肩负着传承的责任。①《非物质文化遗产法》认定的代表性传承人的选任条件包括技能掌握情况、社会影响情况和积极开展传承性活动，但对于技能掌握的实际情况、社会影响力的大小缺乏具体详细的评判标准。有代表性的继承人被认定为个人，但这并不能满足实际需要。以中国侗族民歌为例，每次演出都需要 3 人以上一起演出，但国家认定的传承人只有一人，这与非遗的发展规律形成反差。又比如黄梅戏、凤阳花鼓等，它们的表演形式不能只靠一个人，所以传承人要同时认定为一个群体。此外，范围的扩大也为群体或民间非物质文化遗产的传承人选择提供了更具可操作性的途径。法律规范中标准的不确定性，增加了行政监管部门的自由忖度权，影响了法律的确定性和公正性。

非物质文化遗产保护制度的局限还表现为保护与扶持方式单一化、同质化，对传承人生活保障力度不足等方面。扶持的方式多停留在发放补贴、开展技能培训、提供生产场地等层面，且对于不同种类的手工技艺没有采取差别化的帮扶方式，"广撒胡椒面"的保护方式效果有限。非物质文化遗产传承人根据级别上的差异，可以获得不同档次的补助支持。对于服饰、银饰、织锦等传统手工艺而言，这些企业或者传承人依靠产品生产完全可以获得丰厚的收入。但对于民间传说、舞蹈等传统技艺传承人而言，这些补贴和产品生产的收益难以维持生活开销。因此，针对不同的传统技艺实行分类和差别化保护就显得尤为必要。现有制度对传承人生活保障力度有限。非物质文化遗产传承人的年龄普遍偏大，大部分在 50 岁甚至 60 岁以上。他们对国家政策、法规了解甚少，对大山之外的都市文化、生活了解有限。传统手工艺生产周期较长，回报较低，单靠传统手工艺一项收入难以满足传承人的生活需求。广西壮族自治区融水县苗族蜡染服饰自治区级非遗传承人梁桂英表示完成一件蜡染作品往往需要几个月的时间，手工织布一个床单至少需要一周时间，市场售价不到 200 元。省级以上的非

---

① 冯莉. 传承人调查认定看当前"非遗"保护工作中存在的问题[J]. 青海民族研究，2010(4)：59.

遗传承人常有机会讲学、培训、表演、展示，收入来源较多，但市州级、县级的代表性传承人获取收入的渠道相对单一。据调查了解，大部分传统手工艺传承人都直接或者间接从事农业生产、牲畜养殖等农牧业劳动，对养老保障、疾病医疗、子女教育就业等存在不同程度的担忧。

（四）宣传普及机制

通过非物质文化遗产宣传机制增强民众保护意识是国际社会保护传统文化资源的通用做法。以韩国为例，该国大力开展面向广大民众的传统文化教育，以提升传统文化保护的群众基础。早在 1982 年，韩国就已经设立了祭祀仪式表演培训课程。① 泰国将民间文学艺术纳入国家教育体系，以此培养青少年的艺术修养和传承意识。澳大利亚将非物质文化遗产教育纳入学校课程中，民间文学艺术人才和非遗传承人常被邀请参与学校课堂教学。② 英国政府有意识地将非物质文化遗产普及与学校教育相结合，所有的国家博物馆均对中小学校免费开放。英国文化、媒体和体育部出台了"支持充满活力和持续性的艺术文化"政策，鼓励青少年参与艺术活动以提高文化素养、增强创造力。③

由于城市化和工业化进程，生活在钢筋混凝土世界的市民逐渐忘记了传统文化的内涵和意义，对非物质文化遗产的认识更加有限。如果公民不知道非物质文化遗产是什么，就不会主动地想要去保护。宣传普及机制旨在扩大公民参与，培养公民保护意识，真正实现"文化自觉"，是非物质文化遗产保护体系的重要环节。宣传普及机制的内容主要涉及青少年的非物质文化遗产保护教育。目前，我国已形成国内的非物质文化遗产普及机

---

① 熊晓辉. 非物质文化遗产名录内在机制及保护实践的反思[J]. 文化遗产，2017(4)：87.

② 曹德明. 国外非物质文化遗产保护的经验与启示（亚洲其他地区与大洋洲卷）[M]. 北京：社会科学文献出版社，2018：1179.

③ 郭玉军，司文. 英国非物质文化遗产保护特色及其启示[J]. 文化遗产，2015(4)：67.

制。各地区依据国家和地区非遗保护规定，有序推进非遗进校园活动和教材编写工作。

综上所述，非物质文化遗产是一个民族或群体经过长时间传承而形成，其产权往往无法直接对应到某个个人。民间文学艺术的传播、利用制度，涉及文化资源的市场化开发与利用，关乎民间文学艺术保护的未来。目前，传统民间文化生态正在被加速破坏，大批具有科学和文化价值的民间传统文化因失去生存环境而消亡，大量依靠口头和行为传承的各种技艺、习俗、礼仪等文化遗产正在不断消失，许多依靠心传口授的独门绝技民间文化艺术因人而存、人绝艺亡。① 这些问题的存在，都在很大程度上凸显了当前保存、传播制度的不足。

第二节　乡村振兴视角下民间文艺法律保护制度的选择及不足

一、学术界有关民间文学艺术法律保护模式的讨论

民间文学艺术的法律保护是一个老生常谈、常谈常新的问题。晚近以来，知识性、智慧性民间文学艺术已经成为知识产权领域的热点话题，被誉为"知识产权制度遇到的来自历史的最古老的挑战"。② 学术界有关民间文学艺术法律保护模式的讨论之声此起彼伏，且存在较多讨论。

知识性、智慧性民间文学艺术具有现代知识产权意义。民间文学艺术作为具有经济价值的智慧成果，与知识产权制度的保护客体相契合。民间文学知识产权与现代知识产权密切相关。"版权的问题存在于在一些传统音乐、民歌、故事、舞蹈、绘画、雕塑、素描和手工艺设计中。农具、服

---

① 王景，周黎明. 民族文化与遗传资源知识产权保护[M]. 北京：知识产权出版社，2012(21)：70.

② 严永和. 民间文学艺术知识产权特别权利保护制度的构建[M]. 中国社会科学出版社，2020：74.

装和艺术品上的标志具有类似商标的识别功能。此外，在采矿活动、独木舟建造、乐器和织布装置的建造以及草药的实践中明显的尖端技术的使用都设计到专利的问题。"①根据世界知识产权组织对一些国家的调查，许多国家，包括北美、西欧的一些发达国家认为现行知识产权制度原则上适用民间文学艺术保护。② 乡村振兴视角下，知识产权制度赋予民间文学艺术持有者以某种产权利益，从而激励村寨居民参与民间文学艺术的传承与创新。民间文学艺术的知识产权保护可以是多方面的，著作权法、表演者享有的权利、集体商标和证明商标制度、外观设计制度等都可以成为其选择。

知识产权制度是近代工业文明的产物，是现代性的基本标志。③ 知识产权法律以制度文明为支点，以私人利益为杠杆，成为现代国家最基础的法权制度之一。知识产权法价值以人类创造天性为本源，以市场经济秩序为依托，成为现代社会最重要的义理价值体系之一。当代社会，知识产权保护制度已成为国际经济、文化、科技、贸易领域中的一种法律秩序。根据国内大多数学者的著述，民间文学艺术的产权保护模式主要有综合保护模式、特别权利保护模式、著作权保护模式、合同保护模式与路径等。

（一）综合保护模式

综合保护模式，即把民间文学艺术作为一个整体，采用公法和私法相结合的、综合的或系列的法律规范的手段进行保护的模式。就综合保护模式而言，不同学者对综合模式涉及的法律内容、立法模式等进行了不同的探讨。有学者提出了以政府、专家学者和传承人三者为主的传统资源保护

---

① Paul Kuruk. Protecting folklore under modern intellectual property regimes: A reappraisal of the tensions between individual and communal rights in Africa and the United States [J]. The American University law review, 1999(5): 71.

② 朱雪忠. 传统知识的法律保护初探[J]. 华中师范大学学报(社会科学版), 2004(3): 57.

③ 刘春田. 知识产权制度与中国的现代性[N]. 法制日报, 2012-6-6.

责任机制。① 有学者提出了综合性极强的"民间文学艺术权"。② 有学者在研究民间文学艺术保护的上位概念(如广义的传统知识保护、文化产权保护、传统文化保护、非物质文化遗产保护等)时，建议设立统领式的综合立法，然后对各项客体实行单独立法。如提出了"二元"权利主体结构模式，即承认传承人(私人)和相关部落、民族或特定地区的族群(集体)对民间文学艺术享有的权利。③ 在非物质文化遗产保护方面，有学者在研究非物质文化遗产的法律保护时，认为应建立非物质文化遗产特别权利(知识产权)保护体系。④ 有学者提出"非物质传统资源"和"非物质传统资源权"的概念，探讨了非物质传统资源的"私权"与"公权"及其界限与限制，实际上是涵盖狭义传统知识、民间文学艺术等公私法保护。⑤ 也有学者认为，我国民间文学艺术保护的法律模式主要以"私法为主，兼顾公法"，知识产权制度、习惯法保护、合同法保护各有优点和不足。⑥ 有的学者认为，基于我国现有知识产权制度在民间文学艺术保护方面利益平衡缺失的现状，应当对现有著作权制度和商标制度进行调整。⑦

(二)特别权利保护模式

特别权利保护模式主要是指把民间文学艺术视为一种特殊的，与产权具有一定同质性的特别权利，制定专门法，为民间文学艺术提供较强的产

---

　　① 唐广良. 可持续发展、多样性与文化遗产保护[J]. 贵州师范大学学报(社会科学版), 2005(4): 66.

　　② 刘胜红. 再论民间文学艺术权[J]. 中央民族大学学报, 2006(1): 67.

　　③ 张耕. 民间文学艺术的知识产权保护研究[M]. 北京: 法律出版社, 2007: 59.

　　④ 李秀娜. 非物质文化遗产的知识产权保护[M]. 北京: 法律出版社, 2010: 121.

　　⑤ 杨建斌. 知识产权体系下非物质传统资源权利保护研究[M]. 北京: 法律出版社, 2011: 231.

　　⑥ 黄玉烨. 民间文学艺术的法律保护[M]. 北京: 知识产权出版社, 2008: 71.

　　⑦ 管育鹰. 知识产权视野中的民间文艺保护[M]. 北京: 法律出版社, 2006: 131.

权保护。特别权和知识产权并不是对立的，甚至有些就是改造后的知识产权，比如改变受保护的条件、改变保护的期限等。多数情况下，典型的知识产权制度和调整后的知识产权制度被认为不足以应对传统文化表现形式的独特特征，促使一些国家和地区制定了自己独特的专门制度。就民间文学艺术的特别权利保护模式而言，我国学者大多赞同对民间文学艺术等授予特别权利。学者普遍认为特别权利保护模式是民间文学艺术保护的较优选择，并建议构建独立于著作权体系的融合公法与私法法律保护手段的民间文学艺术保护法。《保护民间文学艺术表达形式，防止不当利用及其他侵害行为的国内法示范条款》及 WIPO-IGC 近些年来推出的"民间文学艺术表达/传统文化表达法律保护条款草案"均体现为"特别权利"思路，笔者将在后文作着重介绍。

(三)著作权保护模式

民间文学艺术作品与著作权法所保护的"作品"具有一定的共性。民间文学艺术作品中，以文字为载体的传说、故事、诗歌、神话等可以作为文字作品受到保护。以口头语言表达为形式的作品，虽未被一定的介质固定记录，但可以作为"口述作品"获得保护。以歌曲和戏曲为表现形式的民间音乐可以得到音乐作品的保护。另外，民间手工艺品可以作为美术作品或实用艺术作品得到保护。著作权保护模式是最早的民间文学艺术作品保护方式，它将民间文学艺术下辖的民间文学艺术作品放置于著作权法保护模式之下。就民间文学艺术的著作权保护模式而言，有学者建议直接通过著作权制度或者对其进行适当变革以保护民间文学艺术。①

现有著作权制度对民间文学艺术表达的保护存在局限，但仍然是在传统知识的所有客体类别当中受到保护比较充分的一类。时至今日，国际社会尚未形成著作权制度保护民间文学艺术的国际公约，究其原因，学者们

---

① 丁丽瑛.民间文学艺术表达的著作权保护[J].厦门大学学报(哲学社会科学版)，2013(3)：51.

多数认为，民间文学艺术的特点与现代知识产权制度（主要是著作权法律制度）格格不入。如通过著作权法和条约对民俗的法律保护似乎不是特别有效或有利的，至少到目前为止是这样。在版权领域所采取的措施还不足以控制民俗的商业使用。

（四）合同保护模式

发展中国家及其传统部族拥有极其丰富的民间文学艺术，但受制于开发及应用能力限制，民间文学艺术的现代价值尚未得到有效开发和利用。民间文学艺术的合同保护，是民间文学艺术开发者在获取和利用民间文学艺术时，必须在遵循事先知情同意和共同商定条件的基础上，与社区就民间文学艺术利用的条件和利益分享达成合同式安排。通过与发达国家、跨国公司订立传统知识经营使用合同的方式，可以帮助民间文学艺术的现代化开发利用，也能够帮助传统部族内部民间文学艺术持有者获得一定的经济利益分享。通过订立合同，可以激发参与者尊重传统知识和民间文学艺术。

合同保护模式成为传统部族开发和利用民间文学艺术的有效途径。在发达国家的极力主张下，以合同方式保护民间文学艺术等传统知识成为各国际组织的重要议题。

在澳大利亚，合同保护被应用于土著文化材料为基础的协议中。澳大利亚电影委员会拟制了一份关于电影制作者与土著内容和土著社区合作的协议指南，其中包含承认传统知识和民间文学艺术所有者权利的文化遗产权利条款。澳大利亚理事会和托雷斯海峡岛民艺术委员会编写了一系列议定书指南，涵盖民间文学艺术版权保护。

以传承人和跨国公司等利用方协商一致订立合同的手段保护传统民间文学艺术主要有以下方面的优势。首先，以合同手段保护民间文学艺术具有一定的灵活性。订立合同的双方基于真实意思表示，在不违背法律和社会公共利益的前提下就传统知识开发达成共识，这样的协议方式是传统部族及原住民最熟悉的、最容易接纳的开发方式。在合同模式下，政府的介入和管理相对较少，协议内容更容易贴近传统部族、原住民的需求，适合于每一个国家的法律制度，是最容易选择的合作模式。其次，以合同手段保护传统知识具有一定的确定性。传统知识持有人和跨国公司等民间文学艺术利用方会通过前期协商的方式确定合作目标，商定传统知识授权开发的期限、条件，传统知识持有人可以获得的利益，传统知识利用方需要遵循和履行的义务和责任。在双方协商一致的基础上，涉及合同履行的各项内容均以书面的形式落实为合同条目。明确的权利义务设定、详细的履约程序和违约责任，以及合同订立过程中法律专家提供的专业意见，为保障传统文化持有人利益提供了保障。以合同方式来保护传统知识，是发达国家特别是美国极力主张的方式之一。

以合同方式来保护传统知识，也面临诸多的限制和不足。民间文学艺术持有人和跨国公司在知识与信息储备、权利保护与维权等方面的不对称很可能会影响合同的公平合理，为此此种方式受到发展中国家的批评和拒绝。现有的民间文学艺术保护机制欠缺有效的保护执行机制，民间文学艺术保护合同的实行欠缺强有力的监督和约束。也有学者认为，民间文学艺术的所有者不一定是习惯用户，反之亦然。应以令人满意的方式界定这些社区的规模，妥善界定民间文学艺术"习惯性用户"与"所有者"，这关系到收益分配的人员范围。① 另外，以合同方式保护民间文学艺术无法阻止第三人对民间文学艺术的不当利用，也不能根据合同约定的义务追究第三人的侵权责任。

（五）数据库保护模式

数字信息技术为全球化背景下的民间文学艺术保护提供了新的思路。数据库保护模式被广泛应用于民间文学艺术、传统医药和生物遗传资源的保护实践。民间文学艺术数据库记载和收录了传统部族丰富多彩的民间文

---

① Paul Kuruk. Protecting folklore under modern intellectual property regimes: A reappraisal of the tensions between individual and communal rights in Africa and the United States[J]. The American University law review, 1999(5): 72.

学艺术形式。数据库保护模式是将民间文学艺术作为基础数据材料进行编排，运用国际通用或便于识别的标准，将层次多样、形式多元、基础模糊的民间文学艺术加以梳理和整合，使其文献化，按照国际通用分类方式加以分门别类，使民间文学艺术符合现代文献检索特征与现代知识产权框架。

秘鲁《原住民集体知识保护法》设计了三种类型的登记制度：国家公开登记、国家秘密登记和地方登记。这三种登记方式都是为了保护原住社区居民对其传统知识资源所应享有的利益。公开登记的主要功能是防止已经被公开的传统知识被注册为专利。而后两种登记方式可以用于保护特殊知识资源或特殊环节，如传统手工艺中的工艺秘密，秘密登记和地方等级以不为公众知晓为主要特征和方式。① 爱沙尼亚政府建立爱沙尼亚南部民间文学艺术数据库（LEPP），以此来保护爱沙尼亚南部语言和文化。LEPP 收集了所有类型的民间文学艺术和历史文化（主要是口述历史），并采用现代图书馆的分类法对其进行分类。② 印度是世界上生物遗传资源和文化多样性都极为丰富的国家，为了保护本国的传统知识免受跨国公司或发达国家的不当利用，印度逐渐走上通过数据库对传统知识进行防御性保护的道路。2003 年，以印度国家科学工业委员会为首的多部门共同启动印度传统知识数字图书馆首期建设工作完成并投入使用。传统知识数字图书馆使零乱散落的印度传统知识以可国际化检索的方式与现今的经济发展建立了直观的联系，但是，建立传统知识数据库并没有赋予传统知识持有者所有权，而且数据化、文献化导致传统知识丧失了新颖性。

综上所述，学者们对民间文学艺术保护模式的讨论主要有综合保护模式、特别权利保护模式、著作权保护模式、合同保护模式、数据库保护模式等。上述模式在保护民间文学艺术方面各有优势。例如，民间文学艺术

---

① 张西昌. 传统手工艺的知识产权保护研究［D］. 西安：西安美术学院，2013：256.

② 孙彩红. 国外民间文学艺术法律保护实践及其启示［J］. 河南大学学报（社会科学版），2011（2）：71.

保护涉及人类文化多样性、文化安全等重大公共利益，需要公权和私权的共同运用，综合保护模式无疑契合了上述需求。特别权利保护模式为民间文学艺术提供了较强的产权保护。数据库保护模式适合了现代数字信息技术的发展，而合同保护具有相当程度的确定性和灵活性。不同模式在保护民间文学艺术方面也有各自的弱点，如，有学者认为综合保护模式中，制定一部融合公法和私法内容的法律难度较大；数据库保护模式忽视了民间文学艺术的独创性和变异性，民间文学艺术的记录人成为权力主体的情况无疑违背了创作者应享有的文化利益；① 西方主流观点否认了现行著作权制度对于民间文学艺术保护的妥适性等。对于主权国家而言，应根据国内民间文学艺术保护的实际需求，做出适合于本国的制度选择。

二、我国民间文学艺术法律保护模式的选择

(一)我国民间文学艺术保护的立法概况

民间文学艺术蕴含着古老中华民族特有的精神价值、思维方式和文化意识，是国家文化身份和文化主权的基本依据。新中国成立伊始，就将各民族发展民族文化的权利和自由写进了《中国人民政治协商会议共同纲领》中。中国共产党人在执政初期就注重各民族民间文学艺术的发展和保护，也将这一目标和原则贯彻在治国理念之中。《中华人民共和国宪法》《中华人民共和国民族区域自治法》《传统工艺美术保护条例》等有关法律法规，是我国继承、保护、发展传统文化的基本法律依据和准则，这些法律和法规对我国民间文学艺术保护具有积极意义。

在加入各级文化保护方面的国际公约后，我国又多次修改完善了国内《著作权法》《专利法》《商标法》和《反不正当竞争法》，以及一系列文化保护的行政法规，形成了国内民间文学艺术的知识产权保护的基本法律框

---

① 邓社民. 民间文学艺术法律保护基本问题研究[M]. 北京：中国社会科学出版社，2015：7.

架。1990 年的《中华人民共和国著作权法》规定，"民间文学艺术作品的保护办法"由国务院另行制定。2001 年，经重新修订的我国《著作权法》仍保留了上述规定。我国《著作权法》规定保护民间文学艺术后，国家有关部门即启动了民间文学艺术版权保护法规的论证和起草工作，然而，由于民间文学艺术保护在理论储备上的不足和保护工作的复杂性等原因，一直未能出台有效的法律文件。

民间文艺保护涉及文学、传统知识、工艺美术、民俗宗教等多领域，涉及的管理部门有知识产权、文化出版、工商、民族、宗教、司法等部门。近年来，随着国内传统文化社会价值与经济价值的不断提升，国家和地方各级知识产权、文化出版、工商、民族、司法等部门，都已经不同程度地强化了民族传统文化相关知识产权的保护职能，基本形成了由国家、地方相关部门组成的，较完整的民族文化知识产权管理和保护体系，在我国传统文化知识保护工作中发挥了主导作用。我国地方各级人大和政府根据地方实际制定了当地有关民间文学艺术保护的地方性法规和政府规章，这些地方性法规和政府规章以国家法为依据和主导，符合乡村地区的特点，有力地推动了国家层面立法的进程。

(二)我国民间文学艺术保护的司法实践

司法是指法院的审判活动，民间文学艺术的司法保护制度是指从诉讼角度维护民间文学艺术传承与保护过程中的合法权益。司法救济最为重要的法治意义在于，它可以保障原被告双方在程序中都享有平等的参与性、可期待性以及对等性，对双方的合法权利都给予平等的保障，因此司法救济是人类社会起源最早、被各国普遍采用、最能代表正义、最具权威和公信力的一种公力救济制度。无论在国际社会还是国内，当民间文学艺术遭遇不当侵权时，司法保护成为最后一道防线。

在我国，由于民间文学艺术的经济、文化价值日渐凸显，与民间文学艺术保护相关的司法诉讼案件也日益增加。21 世纪初，著名歌唱家郭颂因演出的《乌苏里船歌》被黑龙江省饶河县四排赫哲族乡人民政府认为侵犯其著作权。2001 年，陕西省延川县剪纸艺人白秀娥发现辛巳蛇年生肖特种邮票一图造型是以其剪纸作品为原型，遂将国家邮政局和邮票印制局告上法庭。2005 年的"泥人张"案件，源自天津、北京两个"泥人张"都主张自己对"泥人张"名称享有的专用权，直到 2012 年最高法院才做出判决天津"泥人张"胜诉。可见，我国民间文学艺术遭受不当利用的现象并不少见，可能够在调研中捕捉到的案例，或者在各级人民法院政府门户网站检索到的案件公开判决的却寥寥无几。这也表明劳动群众的维权意识淡薄，面对权利遭受不法侵害的行为，往往是不了了之，没有选择司法救济。和解、调解等情形大量存在，涉及民间文学艺术侵权的一系列案件调解结案的较多，进入诉讼程序的较少。

在上述案件的审理与判决或调节中，由于我国民间文学艺术保护的立法缺失，暴露出了我国在民间文学艺术保护中需要解决的诸多问题，包括偏重于行政保护，与知识产权法律体系缺乏有效衔接；民间文学艺术保护的宗旨、客体、权利主体、权利内容等界定不清晰等。

三、我国民间文学艺术法律保护体系的不足

从立法及司法保护以及我国民间文学艺术传承与保护的实际出发，我国民间文学艺术法律保护制度存在的不足主要有以下几个方面。

第一，缺少明确的法律依据。我国对民间文学艺术的保护持肯定态度，但目前还没有统一的全国性的保护民间文学艺术的专门性立法。《著作权法》是我国民间文学艺术保护的主要法规，对民间文学艺术知识产权保护发挥了重要作用。《著作权法》提出民间文学艺术的著作权保护办法由国务院另行规定，国家版权局起草的《民间文学艺术作品著作权保护条例（征求意见稿）》一直没有公布实施。一个具有可操作性的民间文学艺术作品保护专门性立法依然是千呼万唤不出台。正如在《乌苏里船歌》案中，法院认定：《乌苏里船歌》的乐曲系根据世代流传在乌苏里江流域赫哲族中的民间曲调《想情郎》《狩猎的哥哥回来了》改编而成，故《乌苏里船歌》的整首乐曲应为改编作品，应当受到法律保护。但关于民间文学艺术的保护法

律、保护依据存在空白，让受理案件的法院和法官在审判时陷入无法可依的窘境。法律适用方面，法官在没有具体法律规则使用的情况下，只能依靠法律原则做出判决。最终，法官只能在宪法和法律的框架内，本着公平原则做出判决。

已有法律规范局限性明显。尽管云南、贵州等地区颁布了民间文化保护条例等地方立法，但其保护范围仅局限于本省区范围内，而且它们仅能对民间文学艺术辅以行政保护的手段，对权利主体主张知识产权的私权保护却无能为力。

第二，现有的知识产权制度在保护民间文艺方面存在诸多不足。民间文学艺术虽然在自然法意义上与现代社会创作的知识产品一样存在知识产权利益，但在运用知识产权手段保护传统知识在权利主体、保护期限、利益分配等方面存在着一系列的障碍，《著作权法》《专利法》在保护民间文学艺术方面存在局限性。

著作权保护方面，面临着现有制度与民间文学艺术在主体确定、保护期限限制、独创性方面等的差异。主体方面，在现行著作权法中，对于权利主体的规定并不限于单个人，还有法人或多人，但无论主体是什么，其人数和身份总是特定的。民间的创作者大多是团体或组织，很难确定个人作者的身份。保护期限方面，现行著作权法中，对著作权的保护都是有期限的，且其期限通常是确定的，而民间文学艺术的保护通常处于动态变化之中，传承、创新、再传承、再创新，每一段历史时期都是再创作的过程，无法界定从哪一阶段开始对民间文学艺术进行保护以及何时是终结点。独创性方面，在现行著作权法体系中独创性是其重要构成要件，但在民间文学艺术的保护中，因其具有传承的特点，导致各位学者对民间文艺的独创性看法不一。民间文学艺术历史悠久，独创性难以界定区分，是现行著作权法对民间文艺保护困难的原因之一。专利制度保护方面，技术方案获得专利权的前提条件之一就是对方案是否有新颖性要求，而民间文艺产品强调的特性是"艺术性""独创性"或"原创性"。我国民间文学艺术种类多，内容庞大，想要达到专利法中的新颖性要求就很难。商标制度在保护民间文学艺术方面存在一定的不足，如权利内容不易行使、主体不容易确定等。一是权利内容不易行使。民间文学艺术不容易转移和利用。如果可以，它将使其他地区的商品也可以使用其商标，将无法确定其商品和服务的来源，也无法证明其质量。这会给公众带来混乱，不利于非物质文化遗产的保护。二是主体不容易确定。民间文学艺术经过长期传承和发展，很可能会发生权利人的更迭，其主体也会发生不同程度的变化。商业秘密保护需要证明商业秘密被盗用，一个土著团体必须证明其艺术构成商业秘密，并且具有一定的经济价值，并且采取了保密措施。四川"自贡扎染"案中，审诉争论的焦点就是"扎染工艺是否构成商业秘密"。自贡中级法院审理认为，"自贡扎染"作为非物质文化遗产，属于传统工艺，本身是公开的。扎染厂在传承这项工艺的同时会发展出自己独特的技术，这个独特的技术才应成为商业秘密，但扎染厂未举证证明。由于证据不足，扎染厂的起诉被驳回。商业秘密保护的这些要求对"传统群体"来说将是困难的。商业秘密的保护期和申请程序没有限制，权利人只得自己保护自己的秘密，防止秘密泄露。商业秘密保护只在秘密被揭露后提供补救措施，而许多民间文学艺术是秘密和神圣的，对其发起人的揭露违反了它们的神圣性。同时，传统文化资源市场化中流水线作业涉密人员流动性大，如果有人借此申请专利，商业秘密拥有方将受到诸多限制。因此，要加强保密管理和人才流动监管，并制定相应制度，加大防范力度。

　　在制度设计层面，现行法律对于民间文学艺术作品的保护宗旨、保护范围、民间文学著作权、行使权利的主体、行使原则及具体办法等内容都缺少明确的法律保护依据。而这一系列问题，却是民间文学艺术保护的核心和关键问题。例如，民间文学艺术作品的保护宗旨问题涉及保护的价值设定问题，即保护的尺度和深度问题、民间文学艺术权利人与传承人之间的关系协调问题等；民间文学艺术保护的客体问题，涉及民间文学艺术的概念与内涵、民间文学艺术作品与其再生作品之区别、民间文学艺术的保护是否受著作权保护期限的限制等方面的问题；民间文学艺术的权利主体问题，涉及精神权利的保护、经济权利的保护、民间文艺资源市场的收益分享等问题。

在实践运用层面，一些政府、技艺传承人和劳动群众运用知识产权保护传统手工艺的意识薄弱，对于商标、专利、著作权的了解十分有限，对于通过法律途径来为传统工艺提供有效保护的信息知之甚少。不少传统手工艺人希望通过注册商标标识的方式加强传统手工艺品牌建设，但是不知道注册申请的方式、途径，缺少指导帮助。

第三，公益诉讼等制度实践运用不够充分。传统的公益诉讼主要适用于环境保护领域。由于民间文学艺术保护的文化属性、人权属性和公共属性，民间文学艺术保护与公益诉讼制度之间具有一定契合性。《乌苏里船歌》案中，政府机关以自己名义提起诉讼，被法院所受理，这表明司法实践逐渐认可这一制度。但民间文学艺术领域公益诉讼制度的运用面临一系列的现实困境。首先，民间文学艺术的不当利用与侵权的情形经常发生，但其权利遭受侵犯常常要经过很长时间才能反映出来，其侵权结果往往在实践中是一种模糊的，甚至是不可预知的事实。民间文学艺术是传统村寨、社区居民、种族群落在长期的生产生活中创作、代代传承并构成其传统文化遗产组成部分的全部文学艺术和科学作品。一般而言，民间文学艺术是一个族群的共有物，而族群是动态演变的，很难将其特定化。民间文学艺术司法保护的困难之处在于民间文学艺术主体的不确定性。人口流动加速的今天很难框定民间文艺来源地群体的边界。民间文学艺术权利主体不限于单个人，氏族、族群、社区、个人、国家、民族等主体概念之间的关系纷繁复杂，导致产权属性更加无法确定。权利主体的不确定性，从而导致诉讼主体无法确定。民间文学艺术保护一旦进入司法保护领域，其权利属性的公、私关系也难以理顺。其次，民间文学艺术保护领域的行业协会、中介组织、公益团体建设不足，参与公益诉讼的积极性、专业性不够。我国正处在社会转型时期，行业协会、中介组织、公益团体参与社会事务治理的实践运用还不充分。笔者在广西、内蒙古、湖北恩施等地区调研中了解到，行业协会参与民间文学艺术保护多局限于资料的收集、会议的研讨等层面。中介组织、公益团体在民间文学艺术保护中发挥的作用更是微乎其微。另外，民间文学艺术公益诉讼的举证责任难度较高，需要证明侵权行为与结果之间具有某种因果关系。这对于行业协会、中介组织、公益团体而言，举证责任过重，参与诉讼技术难度较大，导致诉讼主体消极行使诉讼权。

第三节　乡村振兴视角下民间文学艺术法律保护的现实困境

由于现有知识产权制度和非遗制度在保护方面的局限，加之其本身的脆弱性和现代文明的剧烈冲击，传统文化面临着前所未有的存续危机。伴随近年来我国乡土文化发生重大变迁，民间文学艺术法律保护既面临乡村空心化、青年人才大量流失的人才困境，也面临文化与旅游结合不足，产业开发不足，民间文学艺术被盗用、滥用等不合理利用现象，产业和传承保护困难。应用互联网、短视频等技术和平台方面，民间文学艺术与现代文化和城市文化相比，也存在巨大差距。

近年来，笔者通过大量走访，就乡村振兴与民间文学艺术保护进行实地调研。调研中，笔者调查走访了非遗传承人，与地方文化旅游、民族宗教、农业农村部门工作人员进行了访谈，深入手工艺、民宿旅游经营企业或个体经营户，从人才保障、产业发展、文化传承、互联网应用等角度对民间文学艺术保护的现状进行了调研。

一、人才：缺少多元主体参与，民间文艺产权保护缺位

实施乡村振兴战略的关键是人才振兴，将人才留在乡村、引入乡村是实现乡村振兴的重要途径。乡村振兴各个目标的实现都需要人的参与，民间文学艺术的传承与发展同样需要人才发挥核心作用。从村落文化的角度来说，村民不是简单意义上的村落共同体成员，而是村落共同体符号的象征与灵魂。乡村振兴和文化传承是以"人"为中心来开展的，如果没有相应的"人"，那么文化将后继无人、青黄不接。当前，农村空心化、人口老龄化、人才短缺已成为制约民间文学艺术保护最主要的难题。

传统村寨面临着严重的乡村"空心化"问题。一些村寨交通不便，产业稀少，年轻人和中年人大都选择外出务工，具有劳动能力的人普遍离开农村，村寨里只剩下年龄偏大、行动不便、劳动能力较差的老年人。"农村空心化、农业边缘化、农民老龄化"问题是村寨存在的普遍问题。调研走访中，笔者在一些村寨中很难见到青壮年的身影。"只有过年的时候村里才会回来一些年轻人。"湘西州永顺县双凤村全村共有95户、285人，几乎绝大多数年轻人都外出打工或陪孩子读书。老司城村除了部分年轻人留乡经营农家乐或者参与家乡旅游产业外，大部分人选择外出打工。在内蒙古呼伦贝尔敖鲁古雅乡，青年们大多外出求学或者打工，"饲养驯鹿时间成本高、获得回报低，这些收入很难养活自己"。在湖北恩施来凤县舍米湖村，年轻人外出求学后，返回家乡生活的人寥寥无几，村子里最年轻的面孔是近两年招聘的驻村干部(应届毕业生)和在村里写生、搞创作的艺术工作者。各级文化部门、民族工作部门向我们反映的核心困难也是人才的严重不足。青年人外出务工最直接的原因是经济上的驱动。以靖西壮锦厂为例，工厂的绣工全部为40岁以上的妇女，三十几岁的人都不愿意从事传统手工业。在经济利益的驱动下，代表着乡村文化精英的年轻人纷纷走出大山。医疗、卫生、教育等条件的滞后，也是部分年轻人离开故土的原因。

民间文学艺术大多数具有很强的地域特色，与当地民众生活休戚相关。民间文学艺术保护的主体参与应该是多元的公众参与，包括政府之外的个人、群体和组织。动员全社会形成一种高度的保护意识，是民间文学艺术保护的长期任务。政府主导的行政保护是民间文学艺术保护的主要模式，而公众参与能在加强外部监督、提高政府行为透明度、提升民间文学艺术内涵等方面促进民间文学艺术的保护。因此，公众是民间文学艺术的传承者、享有者和保护者，是乡村振兴的关键因素。

一些村寨地理位置偏远、交通不便、信息闭塞，不利于社会组织、民间团体和科研院所等力量参与保护工作。调研中，不少村民认为应更多发挥行业协会、非政府组织、高校在手工艺及民间音乐或者舞蹈等文化资源保护中的作用。多个部门、文化工作者均表示，期待更多专业技术人才参与民间文学艺术的传承与保护。在乡村振兴的实施与民间文学艺术的保护中，村寨中缺少的不仅是愿意参与非遗项目学习的年轻村民，更为紧缺的是美术、动漫、编曲、新媒体技术运用等专业人员。经营传统手工艺品的企业规模小，缺少专业人才的帮助指导。企业经营者反映企业发展急缺既懂经营又有美术、设计专业背景的复合型人才。这些专业技术人员的缺乏，影响了民间文学艺术的提档升级，限制了民间文学艺术在乡村振兴实施中发挥更大的作用。

乡村振兴的核心是保障村民经济利益，对村寨居民产权的确认是尊重各族群众主体地位和首创精神，调动农民参与乡村建设主动性和创造性的主要路径。市场经济背景下，民间文学艺术被非法盗用、窃取、滥用的现象并非个别现象，民族舞蹈、歌曲等被大量无偿利用的现象更加突出，究其背后的根源，产权制度的缺位是造成上述乱象的重要诱因。

财产权制度与知识产权制度密切相关。近现代社会，财产权理论与法律实践发生系列嬗变。第一代财产权理论与法律实践，是在古代罗马时期完成的，并为法国和德国民法财产权制度所继承和完善。第二代财产权理论与法律实践，是以英国在现代化过程中推出的以 1620 年《垄断法令》和 1642 年《安娜法令》为代表的知识产权立法，形成知识财产权制度。第三代财产权制度，始于 1963 年联合国教科文组织和伯尔尼联盟组织在布拉柴维尔召开的非洲版权工作会议。在这次会议上，代表们建议《保护文学和艺术作品伯尔尼公约》应设立一个特别规则，以保护非洲国家对其民间文学艺术的利益。此后，1976 年，联合国教科文组织和世界知识产权组织推出了《发展中国家版权突尼斯示范法》，把民间文学艺术作为版权的保护对象。1982 年，世界知识产权组织和教科文组织发布《保护民间文学艺术表达形式，防止不当利用及其他侵害行为的国内法示范条款》。2000 年，WIPO 组织成立"知识产权与遗传资源、传统知识、民间文学艺术"政府间委员会，探讨遗传资源、传统知识和民间文学艺术的知识产权保护问题。以遗传资源、传统知识、民间文学艺术为客体和对象的产权，是一种新的财产权形式，笔者称之为第三代财产权。

民间文学艺术是各族群众辛勤积累、长期探索形成的，是一种创造性劳动，利益平衡原则要求知识产权制度应当兼顾个人利益和社会利益的要求，知识产权人的私权利益与公共利益之间的利益平衡，是知识产权法律制度的基石。确定村寨居民对民间文学艺术享有的产权利益是保障其经济利益，推进乡村经济发展的重要保障。从权属问题的角度分析，民间文学艺术涉及财产权、知识产权等权利。民间文学艺术的产权保护是一个世界性难题，其集体主义权利观与知识产权制度私权属性之间存在突出矛盾。传统设计、民间文学艺术等传统文化资源由于存在时间久远，创造性程度偏低等因素，又与现代知识产权存在冲突，从而被划归公共领域。就目前来看，关于民间文学艺术保护，虽然国际层面推出了一些相关国际"软法"或者"硬法"，我国也已制定了一些相关法律法规，但极为分散零碎，我国民间文学艺术产权保护制度尚待完善。

二、产业：文旅融合不足，市场化推进乏力

产业是指生产的行业。民间文学艺术的产业化，是以民间文学艺术为资源，以传承人和劳动群众为生产者，以民间歌舞、戏曲、传说故事、传统手工艺等为载体，打造传统村落进入流通领域的文化产品。我国民间文学艺术丰富，这些民间文学艺术是当代文学艺术创作的重要源泉，是文化创意产业进行文化生产的重要素材，是文化旅游产业发展的重要载体。乡村振兴视角下，民间文学艺术的产业化意指利用民间文学艺术进行的商业利用，包括特色民族文化旅游产业及民宿产业，传统手工艺产业，以及民间文学艺术向电影、电视、动漫等领域的创新转化等。产业化是推进乡村经济发展的前提，只有通过普遍存在的商品交换，民间文艺才能焕发出新的生命力，民间文学艺术的产业化发展可为传统文化保护提供原动力。通过产业化可以帮助民间文学艺术实现其艺术价值、文化价值和经济价值。

首先，从文化旅游视角来看，我国乡村地区虽具有丰富的民间文学艺术资源，但文化价值挖掘不足、文旅融合不足、民宿等产业文化品位不足

等仍不同程度存在。文化是旅游的灵魂，旅游是文化的重要载体。依靠文旅结合的发展模式是民间文学艺术保护与乡村产业发展的关键。我国民间文学艺术与自然资源十分丰富，发展文化产业和旅游产业具有得天独厚的优势，两个产业之间的亲和性强，能够结合发展，具有不可分割的联系。一些地方在挖掘当地自然资源、传统文化和民俗风情的同时，探索了"旅游+非遗""旅游+文创""旅游+研学"等融合发展模式，延长产业链条。将文化和旅游紧密结合的特色产业中，民宿行业是其中的重要新兴业态，是推动文化和旅游消费升级的重要途径，是巩固脱贫攻坚成果与乡村振兴进行有效衔接的重要途径。调研中，一些民宿经营者，将民间文学艺术元素融入民宿经营，获得市场的认可。① 然而，传统村落民宿产业仍存在整体文化品位不足、同质化现象较多、配套政策支持不够、市场营销薄弱等问题。

　　我们在调研中了解到，一些民宿产业在与自然景观、建筑、服饰相结合上做文章，但深入挖掘并有效结合民间文学艺术和传统手工艺的民宿较少。民宿产业尚未构建丰富多元的盈利模式，与农业休闲、养生养老、乡创文创、工业等进行深度融合的空间仍然很大。经济型民宿占比较高，高端民宿占比较低，其中存在大量的平均房价仅 100 元左右的民宿。这意味着很多民宿基础硬件设施相对较差，无法满足人民群众对美好生活的需

---

　　① 例如，湖南湘西州永顺县芙蓉镇民宿老板"瞿掌柜"自 2013 年开始经营民宿。现拥有三家民宿，其中以土家文化为主题的民宿是"土司别院"和"土王行宫八部堂"。经营者瞿掌柜在经营民宿产业的过程中，还致力于深入挖掘湘西文化，增强对消费者的吸引力。瞿掌柜认为，"神秘湘西，神秘在哪里？神秘就在吉大教授陆群的三本书里——《湘西赶尸》《湘西巫蛊》《湘西落洞女》"。八部堂内提供了一个场景，包括篝火煮茶，围炉夜话，龙门阵中扯鬼话。这些鬼话就是湘西民间文学艺术中的民间传说故事。瞿掌柜给客人们讲赶尸、放蛊，讲僵尸头上贴的符咒。这些神秘的故事，让众多游客非常好奇。瞿掌柜认为："讲故事，讲鬼讲神，神秘就是卖点。"为了加强与顾客的互动，他还特意学习了土家民歌，"独乐乐不如众乐乐，一人玩不如大家嗨"，"一人领唱众人合，带着客人唱酉水号子、土家山歌"。这种分享式和体验式的民俗经营，增强了客人对土家文化的认同感。吊脚楼、土家风格的装饰风格、神秘的民间传说故事让瞿掌柜的民宿经营风生水起，成为湘西民宿届的翘楚。

求。另外，较多乡村民宿的从业人员由于自身技能储备量不足，又缺乏系统的专业培训，导致服务水平参差不齐，无法满足不断变化的市场需求。以家庭经营模式为主的民宿产业忽视了对品牌进行系统化建设、推广，缺乏特色鲜明的情感渗透，无法令消费者产生认知价值。推广营销方面，多为朋友圈、老顾客带新顾客和自建微信公众号等方式为主，在互联网迅速发展的趋势下，较多民宿的新媒体营销创新意识还不够。

由于现有保护体制的不足，民间文学艺术的价值挖掘与市场化应用不足，影响了文化旅游产业和传统手工艺产业的提档升级。大部分民族手工艺品的生产停留在传统生产方式阶段，绝大部分是家庭作坊式生产，民间文学艺术市场化困难重重。民间文学艺术的开发还未深入，转换为经济效益的文化产品较少，相对成熟的产业化市场尚未健全完善。民间音乐、舞蹈等艺术形式较多维持传统的风格，文化内涵不清晰；乡村旅游产业大多维持农家乐的原有风格，存在千店一面的现象。另外，部分旅游产业经营者跟风模仿，盲目进入市场，认为进行网红风装修，就能打造"网红爆款"。旅游产业同质化问题较为突出，未能将包含乡情、乡俗、乡恋、乡愁的原生地域文化，巧妙地融入旅游设计、建造、装修、产品、运营等环节，未能将在地文化与时尚创意巧妙融合，导致旅游市场吸引力不足。

其次，传统手工艺产业面临缺少行业标准、生产规模扩大难、市场开拓难等现实困境。

一是缺少统一的行业标准。标准化是指企业生产经营中需要具备统一的、稳定的技术要求、生产流程，是现代化经营过程中必不可少的要素之一。传统手工艺传承保护的"标准化"是改变当下手工艺传承失序、保护无据、市场混乱的重要基础性工作。民间文艺、传统手工艺的世代传承大都靠师傅带学徒或言传身教的方式流传下来。这种传袭方式大都没有形成正式的文件记载。传统技艺的范式、程序、要领多以口诀、故事等形式在父子、师徒、邻里、作坊和社会生活等途径心口相传。访谈中，传承人用"每一次创作的作品都是不一样的"，"手工艺的创作容易受环境、原料，甚至是创作时的心情的影响"等表述向笔者描述着传统手工艺创造的特性。

由于缺少统一的行业化标准，导致我国民间文学艺术市场化面临着重重困难。

二是作坊式生产难以扩大规模。家庭作坊的资产小，资本结构单一，绝大部分工艺品是在自家的房屋或者是租赁的厂房内进行生产制作，设备简单，价值不高。手工艺品的产量低、制作周期长，更容易受原料、天气、时间等因素的影响，产品的制作有不确定性。传统手工艺品制作人经过长时间的摸索，适应了传统小作坊的生产经营模式，受传统理念影响较深，不愿做出一些尝试，认为跟随大流保持传统作坊的生产模式较为稳妥，市场化的进程不断延后。

调研中，一些民族工作部门、文化旅游部门表示，传统手工艺品等民间文学艺术的经营模式主要是个体经营，企业规模小，设备陈旧，缺少技术研发和创新人才，即使给予帮扶，也难以形成规模化生产，收益仍然很差。目前传统手工艺现有的经营模式难以承接大批量的订单，即使接受了大单，受制于生产能力，只能分拆转包，在没有统一的统筹协调的情况下，难以按时保质地完成订单。另外，作坊式的生产经营方式，因为没有一定价值的固定资产，难以得到银行或其他渠道的贷款，无法得到资金的支持，迟迟迈不出转型市场化生产的第一步。乡村手工业、乡村物流、电子商务等现代乡村产业的发展急需配套政策的支持。乡村振兴建设需要培育新产业、新业态和新模式，利用电子商务助推农村商业组织数字化变革。民间文学艺术产业发展既缺少专门的规划性指导，又缺乏知识产权、金融、机械制造、媒介推广等专业人才的参与。靖西壮锦厂几年前在阿里巴巴上注册了账号，但一件产品也没有在平台上销售成功。另外，传统手工艺品生产企业大多为家庭作坊，没有进行公司化经营，导致帮扶的资金无法按照程序落实，致使一些具有浓郁民族特色的项目得不到帮扶。手工技艺生产周期较长，回报较低，很多企业不愿意投入传统手工艺的生产和保护。一些传承人表示，目前，还没有企业愿意参与传统技艺的生产和保护。

三是机器化生产带来巨大挑战。传统手工艺制品的生产需要遵循严格的生产程序，制作技艺复杂，周期较长，产量偏低。① 现代化机器生产进入传统手工艺开发领域，其产量大、成本低、耗时短、标准化等特点，迎合了市场经济下大众的消费需求。工业产品在价格和实用性上对传统手工艺品产生了强大的冲击，导致民族用品企业效益差或者不愿从事民族用品生产。访谈中，非遗传承人反映了当前机器生产给传统行业带来的挑战："手工生产的产品常常要耗时几个月，机器生产的话几分钟甚至是几秒钟就可以完成。""现在机器太强了，你做一个创新设计，没要多久就会被别人拿过去用。"调研走访中，机器生产给传统手工艺市场化带来的挑战随处可见。在广西靖西、湖北恩施、湖南凤凰古城、芙蓉镇等旅游景区，机器制造的服饰、织锦、刺绣布满了景区街头，景区的商贩却无法告知手工艺品传递的历史信息及文化内涵。传统文化产品市场不大，机制品却大量涌入，对传统手工艺冲击非常大，加之游客鉴别不清，导致传统手工艺的销售量不断减少。

传统手工艺产业市场化举步维艰，急需在技艺传承、企业扶持、平台建设等方面投入资金。但由于财力有限，各地政府虽然每年能给予一部分的经费支持，但总量较小。除政府投入之外，传统手工艺品保护与发展吸纳社会资金较少。

再次，民间文学艺术的实用性转化或者向电影、电视剧、动漫等形式的创造性转化与创新不足。

乡村振兴视角下，民间文学艺术的创造性转化与创新性发展是指民间文学艺术在各个领域实现其文化和经济功能。民间文学艺术通过创造性转化，可以实现其蕴含的巨大经济和文化价值。有学者认为："非遗可以作为传统文化的遗传基因，通过现代文化创意，生发出全新而又不失传统神

---

① 例如，银饰锻造严格遵循堆、推、压、铲四个工序，核心是"全手工制作，为作品赋予灵魂"，心境、手的力道、思考、性格都会影响产品的制作。蓝印花布印染技艺的创作首先要进行制版，根据图案的复杂程度适当调整纸张层数。之后进行描稿，再用自制的工具制作出来，上熬桐油，之后用蜂蜡印制，进行阴置，制作一批作品的周期约为 15 天。

韵、核心价值与精神内涵的创意作品，通过现代商业市场的运作加以传播，形成由文化传承人、文化事象到市场，再由市场反哺文化传承人的良性循环发展模式。"①一是民间文学艺术对其他知识资源的借鉴或面向日常生活领域的转化，如民间舞蹈、音乐、曲艺等在传承中吸纳或借鉴其他的知识元素，通过传承获得新的生命。如湖北长阳土家族文艺工作者覃发池对"撒叶儿嗬"发掘整理、改造创新后，改编成"半边月""风摆柳"等八个乐曲和舞段，深受人民群众喜爱。② 调研中，湘西州一些文化旅游产业及传统手工业经营者在创新化传承与转化方面进行了积极尝试。蜡染技艺州级传承人王曦将蜡染技艺进行创新。他清楚认识到，创新融合是蜡染传承与发展的必然趋势，与其被动接受，不如主动拥抱。于是，他主动汲取各大艺术技艺，融入蜡染的制作中，取得新的突破，进一步推动蜡染技艺在新时代的传承发展。传统的蜡染，蓝底白画，以点、线、面的层次完成一幅作品。王曦对此加以改进，在保留这些传统的同时，融入国画、版画、壁画的绘画技艺。另外将传统技艺应用在服装、背包、钥匙扣等小件物品上，吸引年轻人购买。他认为"在保留老祖先传承下来的技艺不变的同时，在传统的基础上加以突破和创新"，要"拓展自己的思想，不要局限"。另外，他根据游客的喜好创作新作品，比如吸取佛教元素，借鉴敦煌壁画的技艺，生产出具有佛教特色的作品，从而被游客认可和接受。他的作品风格多样，有彩陶、汉画、商周青铜纹、民间图腾图案等，创作了许多融多种文化与技艺的作品。20多年里，他在技术和工艺上不断创新，使得宝贵的民族技艺在湘西凤凰独放异彩。传统手工艺通过创新可以在形式和形态上更加贴近百姓生活、融入大众审美与价值观，从而获得市场的青睐。二是民间文学艺术在文学、影视、动漫、戏剧领域的应用。电影的出现已经成为一种表达民俗的现代方法，在全球经济中，以民间传说为基础的创意

---

　　① 刘宇，张礼敏. 非物质文化遗产作为文化创意产业本位基因的思考[J]. 山东社会科学，2012(11)：151.

　　② 柏贵喜. 土家族传统知识的现代利用与保护研究[M]. 北京：中国社会科学出版社，2015：207.

作品已成为越来越有利可图的产业。只要这些衍生作品具有足够的独创性，世界上大多数法律制度都会对其提供版权保护，包括基于民间故事和传说的书籍和电影。法国和加拿大认为，将文化通过电影、电视、音乐和其他形式所表达出来的做法对国家认同至关重要。法国对特定电影、音乐、戏剧提供政府补贴，目的就是为了保护其文化遗产不受侵蚀。①

调研走访的传统手工艺非遗传承人中，愿意将民间文学艺术进行创新转化和发展的传承人并不多见。受传统意识的影响，更多的传承人甘愿让传统艺术保持传统。而民间文学艺术在影视、动漫、戏剧中的转化和应用则更为困难。湖南湘西一些文化工作者认为，大家非常期待民间文艺和传统手工艺在影视、动漫、戏剧中的转化和应用，但目前仍"缺乏代表湘西非遗文化的硬作品，即没有在文化方面打造出一张让别人了解湘西的名片"。民间文学艺术的创造性转化、创新性发展不足主要原因有两个，一方面，非遗传承人坚守传统观点和传承记忆，固步自封，拒绝创新。多位传统手工艺人坚持用上一辈传下来的技艺，不肯融入现代元素。另一方面，文化保护、非遗管理和民族宗教等部门的行政帮助手段单一，对传承人的引导不足。非物质文化遗产的创造性转化、创新性发展不足的表现主要体现在传统非遗项目的市场接纳程度不高，其经济价值尚未充分实现。我国不少电影作品自觉利用传统文化艺术资源，一方面以历史文化题材影片呈现中国文化；另一方面，也力图在道德观念、民风民俗等内容传播上拓展空间、发挥优势，以激起观众对内容的感性体验和价值认同，助推中华文化"走出去"。一些作品将核心价值观和时代精神融入生动的中国故事中，助力于当代国家形象的构建。② 目前，民间文学艺术的创造性转化与创新仍然任重道远。

---

① Eireann Brooks. Cultural imperialism vs cultural protectionism Hollywood's response to UNESCO efforts to promote cultural diversity[J]. The Journal of International Business & Law, 2006(5)：112.

② 宋眉：传统文化艺术资源的当代转化[M]. 杭州：浙江大学出版社，2019：154.

三、文化：文化价值待彰显，传统文化面临存续危机

乡村振兴视角下，民间文学艺术经济、文化和艺术价值日益凸显。民间文学艺术中蕴含着深厚的文化价值。① 一段记录了传统部族或社区变革和发展的民间故事、一部蕴含了传统部族或社区文化风韵的民间舞蹈、一件镌刻着原住民或劳动群众无数思考和智慧传承的手工艺品，这些智慧或者创造蕴含着丰富的经济、文化、科技、政治价值。民间文学艺术作为一种精神产品，在当代社会具有满足特定主体愿望和需求的属性，其独特的经济和文化价值日益彰显。这些民间文学艺术蕴含的文化价值是吸引公众参与文化体验、推进文化产业发展的重要资源。在全球化日益加速和现代化快速发展的今天，民间文学艺术常常被遗忘在地球村的各个角落，成为依靠政府帮扶才能存活和传承的艺术形式。在田野调查中，我们深刻感受到民间文学艺术对村寨居民生活的深刻影响，也察觉到在现代文明的冲击下传统文化面临的巨大挑战。在西方文明、现代文明、都市文明的包裹下，人民更加习惯于选择现代生活方式，民间文学艺术常常被理解为"传统""落后""跟不上潮流"，其蕴含的价值得不到挖掘和发挥，民间文学艺术逐步被边缘化。

全球化背景下，民间文学艺术面临着巨大冲击，我国传统手工业的保

---

① 例如，毛古斯舞在表演时，表演者身上穿着带有稻草编织的衣服，通过表演一系列动作并穿插带有远古劳动人民生活的片段，以一种戏剧化的方式再现原始时期土家族人茹毛饮血的农耕生活，其动作豪放粗犷，内容原始真实，表演随性自由不拘束。上梁歌常常在木房子新屋完成内部框架搭建后，第二天为堂屋上梁，乡邻前来祝贺，用上梁歌向新屋主人道贺，多为祝福语，其表演时声音洪亮，有一定的歌唱节奏。土家族摆手舞表现有"狩猎、农事、军事、生活"等内容，是歌、乐、舞浑然一体的民间艺术形式。宣恩薅草锣鼓主要包括历史传说歌、长篇叙事歌、生活风情歌、儿歌等类型，涉及土家人生活的方方面面，蕴含着丰厚的古代文化遗存。利川灯歌表演时使用的道具是对清江流域、荆楚大地飞渡龙舟的摹拟；人物是对土家幺妹婚嫁出门的刻画；歌曲由本地传统民歌结合玩灯特点世代演唱而成。靖西壮锦早在宋代就被列为中国四大名锦之一，其编织工艺至今已有 1000 多年历史。靖西绣球被公认为吉祥物，被认定为壮族文化的标识。

护现状也不容乐观。《中国民族地区经济社会调查报告》指出，年轻一代在外来文化和思潮的冲击下，对本民族传统文化的认同意识日趋淡薄；传统手工艺品工匠技师收入偏低，传承人制度不完善、人才青黄不接；我国传统手工艺品半数品种生存堪忧。从广西传统手工艺存续状态来看，只有绣球、银饰锻造等工艺发展良好，大多数手工艺品生存状态堪忧，发展之路举步维艰，特别如苗族蜡染、毛南族花竹帽等生存状态岌岌可危。在靖西市，30多岁的人都不愿意从事壮锦编织类传统手工业，按照计件方式领取的每月1000~2000元的工资，很难吸引年轻人。环江县下南乡目前能熟练完成花竹帽编制技艺的从业人员只剩四人，政府部门组织的传统手工艺培训班，开班的时候有数十人参加，坚持到最后的只剩两人。当地政府工作人员表示，年轻人因"制作周期长""破竹过程中有刺、易受伤"等原因，"学习到一半就坚持不下去了"。融水县苗族蜡染服饰非遗传承人梁桂英用几个月的时间完成一件蜡染作品，市场售价仅300~500元。环江县花竹帽传承人谭汝每个月从手工艺编织中仅获收入1000~2000元，主要的生活来源依靠与家人一起经营小型大巴车客运业务。在传统村寨，父母一辈更乐意于给下一代安排成熟的城市文化教育，年轻一代离传统文化渐行渐远，民间文学艺术面临传承危机。

民间文学艺术的失传现象日益严重。承继与失传是民间文学艺术保护中的一对矛盾体。在传统部族或村寨，民间文学艺术的传袭往往是在一定的封闭环境下进行。"传男不传女""父子相传"等习惯法则和传承机制对传承有一定制约。随着我国与世界各国经济文化交流日益频繁，外国游客、商人、文化工作者借旅游、科考、采风、经商等形式来到我国收集传统手工艺产品的现象时有发生。民间文学艺术的盗用、滥用现象频发。信息和网络时代，民间文学艺术的经济价值和文化价值日益被全社会所认可，但由于国际社会传统部族、社区，包括我国劳动群众自身权利保护意识不强，导致侵犯民间文学艺术的现象屡见不鲜。在西南、东北等地区村寨，常有外国人深入村寨，低价收购年代久远的服装、配饰、工艺品及生活用品。西方国家及日本对我国民间文化的掠夺触目惊心。据报载，日本某城市有一家专门收藏中国民间文化珍品的博物馆，规模之大，品种之多，令许多参观者大为惊叹。1984 年法国某访问团来华，在两个星期之内，就从山西省收集到 7 个集装箱的民间刺绣作品，并在有关部门的协助下顺利地运到法国。20 世纪 90 年代，被称为"西部歌王"的王洛宾将其整理的民歌作品《在那遥远的地方》等歌曲著作权卖给台湾商人曾引发侵权争议，人们质疑他将民歌说成自己的作品，是侵犯了民歌的著作权。2004 年，由上海美术电影制片厂和我国台湾地区某电影公司联手推出动画版《梁山伯与祝英台》产生版权争议。美国迪士尼公司出品的动画电影《花木兰》以中国民间传统故事为蓝本拍摄，在全球赚取了超过 20 亿美元的票房收入，被国人诟病为"文化入侵和歪曲"。日本动画电影《千与千寻》中出现的很多建筑设计风格都是仿照中国传统的建筑设计，如河边的镇妖塔建筑，以及隧道的设计与明孝陵的走廊有着极为相似的结构，但该动画电影讲述的却纯粹是一个日本的故事。美国动画片《功夫熊猫》将中国的传说、服饰、建筑、生活风俗等融入电影当中，电影发行后在中国取得惊人的票房成绩。从民间文学艺术保护的实际情况看，这些文化海盗行为、未经许可滥用和盗用民间文艺的行为屡见不鲜，极大地损害了原住民、传统社区、部族的群体利益，并威胁民间文学艺术的良性存续。外部主体对民间文学艺术任意自由获取和使用且无利益分享的现实，导致出现对民间文学艺术的精神歪曲、滥用，甚至异化现象。又例如《龙船调》这首歌的归属地是湖南还是湖北，争议一直存在。① 民间文艺作品的经济价值，特别是民间文艺资源开

---

① 在湖北恩施，《龙船调》已成为全省著名的文化品牌，利川市以"龙船调故乡"的名义，先后举办了民歌艺术节、"龙船调"经济文化交流会、"中国龙船调文化艺术节"等活动。在湖南湘西，《龙船调》被湖南两家政府网站列为该省民歌，湖南湘西凤凰古城为宋祖英拍摄《龙船调》的 MTV。也有人认为，媒体上看到的《龙船调》的演绎都是由湖南籍歌手完成的，所以在社会公众的视野里有不少人认为《龙船调》是湖南籍民歌。笔者曾于 2019 年、2020 年分别在湖北恩施、湖南湘西调研，谈及此问题，文化工作者们表示："《龙船调》是土家人民的文化财富，到底是湖南还是湖北各有各的看法"，也有论者强调："湖北湖南两地有时仅仅相隔一座桥，流传下来的民歌到底算哪边的？"

发惠益分享机制的建立和实施决定着村民的收益改善和生活水平的提升。民间文艺作品的精神价值影响并决定着国家和族群文明的质量和走向。《龙船调》的湖南、湖北属地之争背后的实质是民间文学艺术的文化价值、经济价值不断彰显，是不同区域政府对传统文化品牌的利益之争，是经济利益和文化利益驱动的结果，也暴露出现有制度在确定传统文化资源产权归属、利益分配、纠纷处置等方面存在的不足。

四、互联网：信息网络技术运用受限，新媒体平台运用不足

新媒体是在传统媒体之后发展起来的媒体形态。通信技术的进步、传播方式的调整，以及大众对于信息、资讯接收方式和消费方式的改变，推动新媒体技术和平台的不断发展。随着信息传播手段更新频率不断加速，新媒体凭借其开放便捷、及时互动、大众多元等特点，推动着民间文学艺术的传承转化与创新。短视频、直播等传播方式成为推进传统文化传播、文化旅游产品消费的热门途径。

"通过短视频直播的方式，推广传统文化和非遗产品成为时下流行的营销方式。在我国不少非遗传承人、旅游产业从业人员都开通了抖音或快手直播平台。但村寨居民运用新媒体传播民间文学艺术推进乡村产业发展的实践仍未形成规模。这类新型销售方式尚未成熟，并存在一定的不足，如：从现有的资源利用程度看，民间文学艺术短视频内容的开发远远不足，视频内容单一、呆板、陈旧等问题仍然存在，吸引性还需强化，优质资源开发滞后的状况尤为明显；有的直播没有借助官方平台进行有力的宣传，直播观看流量少，带货效果不明显；直播带货人更注重产品的商品性和使用价值或观感、口感，较少植入产品背后的文化内涵；直播环境影响观感；缺乏与观众的及时互动等。我国广大乡村地区在推进短视频等新媒体运用过程中遭遇的实际困难主要有以下几个方面。

第一，思想观念待转变。老一辈传承人十分重视传承，注重传承技艺的完整性、独特性，执着于传统事物。基本不接触互联网，对短视频等新兴传播平台的认识停留在浅层，对利用短视频开发传统技艺巨大价值的意

识不足。部分传承人认为互联网过于"虚拟"，传播过程中会造成传统文化与技艺的失真。在短视频盛行时代下，信息传播渠道日趋多元，虚假宣传、劣性营销等情况层出不穷。部分传承人仅看到了短视频直播宣传的负面信息，以偏概全地认为所有互联网传播媒介都是如此，主动地断开与互联网传播媒体的联系。蓝印花布国家级传承人刘新建认为，现在互联网内容太杂、风气不佳，网络的直播乱象比比皆是，"举个例子，买牛肉，他是在内蒙古下单，转钱转到北京，发货的是在浙江，到地是四川"，他认为将蓝印花布这一项优秀传统技艺与网络结合发展是对传统文化的一种侮辱。

第二，文化水平待提升。村民和非遗项目传承人的文化水平有限，受教育程度不高，成为运用新媒体的一大障碍。受访的村民中，文化程度为高中及以下的居多。大部分传承人年龄大，文化水平较低，在使用短视频宣传传统技艺过程中存在诸多障碍。在抖音注册了账号，拥有近三千粉丝，发布了20多个作品的永顺县土家族摆手舞州级传承人田水香感叹"很多字不认识，不敢轻易回复网友评论，怕出笑话"。他对于直播保持观望态度，不敢轻易尝试，担心有不认识的字，难以解答网友的疑问。苗族银饰传承人向文军表示："做直播遇到困难，只会使用最基本的功能"，"受限于文化知识技术，不适应网上销售的模式，且刚开始只发布制作银饰的视频，关注的人很少"。蜡染传承人王曜表示："摸索半天都弄不清楚，花这么多时间我都可以画一幅画了。"也有的传承人担心手工产量有限，网上销售量突增，难以保证按时交货。此外网上销售存在定价的问题，按照原本的定价，其他赝品、次品具有价格低的优势，降低售价又得不到足够的利润，使人陷入两难的境地。

第三，部分传统文化难以借助短视频宣传。一些传统表演类的文化遗产，表演的题材、方式与现代差别太大。许多传统舞蹈先天有野蛮、兽性的特征，局限于时代又带有愚昧的表演方式，导致平台的内容审核机制不予过审，无法在短视频平台上展现。例如，毛古斯舞表演内容整体粗放，真实地反映了原始社会人民的生活，部分内容存在不雅、不文明的现象。

如：舞蹈中用生殖器祭祖的部分，有悖于现代文明风气，不适合放在抖音等公共平台上，其原始性和真实性在某些方面给传播带来困难。直播制作苗族银饰，一件作品的打造时间太长，单调的内容无法吸引人长时间观看，一场直播下来收看者寥寥无几。传统手工艺品的产量有限，短视频直播带货要求革新传统手工艺品的生产模式，参与短视频直播卖货无疑为传统手工艺品的制作带来了极大压力，供应量与需求量不成正比。相较于传统销售途径的稳定妥当，网上销售存在较大的风险。从定价的角度出发，按照原本的定价销售，其他赝品、次品具有价格低的优势，利用消费者贪便宜的心理吸引消费，正品的消费群体不断流失，而降低售价又得不到足够的利润，难以维持网店的运营。

第四章 民间文艺保护立法模式的
选择与借鉴

我们所生活的世界，正因为有了多彩的民间文学艺术而充满了生机与活力。这些丰富的民间文学艺术是传统部族和社区土著民族世代积累的财富，是人类社会在漫长历史中创造的宝贵文化遗产，也是当代社会非物质文化遗产保护制度、知识产权制度难以完全有效保护的重点和难点领域。从全球视角出发，世界上大多数国家普遍经历了工业化和城市化不断发展，乡村空心化现象加剧，传统文化流失等相似的情况。城市化进程的实现往往要以牺牲乡村传统文化资源的保护和传承为代价。

乡村发展和民间文学艺术保护是全人类共同的意愿，国际社会本着互助合作的精神为推进乡村发展和民间文学艺术保护做出了积极努力。以欧美为代表的西方国家、亚非拉等发展中国家，均以世界知识产权组织"知识产权与遗传资源、传统知识、民间文学艺术"政府间委员会（WIPO-IGC）为平台，展开积极磋商，试图就民间文学艺术的产权保护推出有关国际条约。由于美国等发达国家的反对，这一条约估计很难出台，或者以近似于1982年联合国教科文组织与世界知识产权组织推出的《保护民间文学艺术表达形式，防止不当利用及其他侵害行为的国内法示范条款》"软法"而收场。目前，《保护文学和艺术作品伯尔尼公约》《发展中国家版权突尼斯示范法》等在国际条约主导下形成了"著作权立法模式"和"特别权利立法模式"等众多理论成果与实践经验，为我国加强民间文艺保护提供了制度借鉴。

第一节 著作权法模式下的立法探索

1710 年，英国颁布了世界上第一部著作权法——《安妮法》，不仅在本土领域确定了国内的著作权保护法律制度，也推动了欧洲国家和世界各国著作权保护制度的建立，成为现代著作权法制的起点。经过三百余年的发展，著作权保护制度已经成为与人权保护、文化发展、知识进步、国家竞争等密不可分的一项法律制度。著作权法具有激励文学艺术创作，保护文化创新的功能。由于民间文学艺术主要体现为民间故事和传说、民间美术、音乐舞蹈等形式，属于人类在文学和艺术领域内的智力成果，所以国际社会自然一开始便在著作权法框架内讨论其保护问题。现有知识产权法律体系中，著作权制度似乎最适合保护民间文学艺术了，特别是对于村寨居民或土著村民而言，著作权可以防止其绘画、歌曲、舞蹈等作品未经授权的复制。

在国际条约中，如《突尼斯版权示范法》《班吉协定》等都主张在著作权法体系中对民间文学艺术作品进行保护。突尼斯、智利、摩洛哥、阿尔及利亚、塞内加尔、肯尼亚、马里、布隆迪、科特迪瓦、几内亚等国率先将民间文学艺术作品纳入著作权法的保护体系。根据《伯尔尼公约》的定义和我国《著作权法》的规定，民间文学艺术表达中的大部分可以获得著作权或邻接权的保护。

一、《伯尔尼公约》

版权保护制度在世界上大多数国家得以确立，表明了人类对智力创作认识的深化和对智力劳动的尊重。然而，各国版权制度提供的保护大都只有域内效力，仅限于保护本国国民创作的作品。随着 19 世纪以来机械印刷技术的升级、普及，以及交通、通信设备的发展，出版业日趋国际化发展趋势催生了国际版权保护制度的萌芽。越来越多的国家寻觅国际社会制定统一的国际版权保护公约。以英国、法国等为代表的西方资本主义国家的文学艺术创作在当时已高度繁荣，但其国内作品在国际社会被盗用或者侵权的现象时常发生。在很长一段时间内，未经授权而复制和使用外国作品是欧洲文化和社会生活的特征。各国常用"假冒""盗版"来形容这种不劳而获的行为。盗版活动猖獗，甚至得到官方的支持，文学和艺术作品产量高的国家显然受害最为严重。①

1958 年，在第一次国际文学大会上十余个国家的法学家、科学家和文艺工作者讨论了民间文学作品的国际法律保护问题。1818 年，法国召开世界文学大会建立了国际文学艺术协会，该协会承担了起草国际保护条约文案的任务。1886 年，在瑞士首都伯尔尼召开了多国参与的外交会议，《伯尔尼公约》获得通过。印度代表提出在《保护文学和艺术作品伯尔尼公约》所保护的作品类型中加上"民间文学艺术作品"的建议，使用了"民间文学艺术作品"这一术语。随后，伯尔尼联盟成立工作组，研究在《保护文学和艺术作品伯尔尼公约》中增加一个条款以保护民间文学艺术。在其建议的条款中，使用了"未出版作品"（unpublished works）这一术语。虽然没有被采纳，但是，这引起了国际社会对民间文学艺术保护问题的重视和注意。这一术语成为 1967 年《伯尔尼公约》正式使用的涉及民间文学艺术的概念。《保护文学和艺术作品伯尔尼公约》规定的"未出版作品"包含了一部分"民间文学艺术"。后来，捷克代表建议成立一个政府部门，由该部门代表民间文学艺术作品的作者，享有和行使权利。工作组提出了一个建议条款，此即后来的《伯尔尼公约》第 15 条第 4 款，亦即"未出版作品"（unpublished works）保护规则。在 1967 年斯德哥尔摩外交会议上，《保护文学和艺术作品伯尔尼公约》进行修改，增加了"未出版作品"保护的制度，把民间文学艺术作为未出版作品在国际层面上给予一定的保护。

---

①　［澳］山姆·里基森，［美］简·金斯伯格. 国际版权与邻接权：伯尔尼公约及公约以外的新发展［M］. 郭寿康，等，译. 北京：中国人民大学出版社，2016：17.

《伯尔尼公约》是最早涉及民间文学艺术知识产权保护规定的国际公约,① 被认为是历史最悠久的国际著作权条约,② 是国际社会为著作权保护国际化而做出努力的结果。随着人类社会文学艺术的发展、科技水平的进步、版权保护内容的深化以及国际社会经济文化秩序的变化,《伯尔尼公约》的文本内容也处在调整和丰富之中。

从 1886 年到 1971 年,《伯尔尼公约》共经历了七次修订。从公约产生之日起,其内容就分为实体条文和行政性条文两个部分。《伯尔尼公约》1971 年巴黎文本是该项公约的最新文本。《伯尔尼公约》1971 年巴黎文本共 44 条, 由实体条文(公约第 1~21 条及附件)和行政条文(公约第 22~38 条)组成。实体条文规定公约的宗旨、保护范围、基本原则、权利的内容、权利的发展等内容;行政条文则规定公约的管理、加入公约的条件等。③

根据《伯尔尼公约》1971 年巴黎文本,"文学和艺术作品"是指文学、科学和艺术领域内以任何方法或形式表现的一切产物,并详细列举了"书籍、小册子和其他文字作品","讲课、演讲、布道和其他同类性质作品"等十类作品类型。④《伯尔尼公约》第五条规定了保护的基本原则, 即成员国国民版权保护的国民待遇原则、自动保护原则、版权独立保护原则、最低限度保护原则。⑤《伯尔尼公约》赋予了文化作品作者一系列广泛的权利。《伯尔尼公约》第六条、第八条、第九条、第十一条、第十四条等规定了成员国国民关于版权保护的经济权利和精神权利。其经济权利主要包括

---

① 《伯尔尼公约》第 15 条第 4 款规定:"(a)对于作品未曾出版, 作者身份未详, 但却有足够理由推定该作者系本联盟某成员国国民的情况, 该成员国可自行以立法指定代表作者的主管当局, 以便在各成员国中保护及行使作者的权利。(b)按本款做出上述指定的本联盟成员国, 须以书面声明将此事通知总干事, 详细开列被指定的主管当局的全部情况。"

② 刘波林. 保护文学和艺术作品伯尔尼公约(1971 年巴黎文本) [M]. 北京: 中国人民大学出版社, 2002(6): 17.

③ 金眉. 伯尔尼公约论述[J]. 南京大学学报(哲学·人文·社会科学), 1994(4): 71.

④ 《保护文学和艺术作品伯尔尼公约(1971 年巴黎文本)》第 2 条。

⑤ 《保护文学和艺术作品伯尔尼公约(1971 年巴黎文本)》第 5 条。

翻译权、复制权、公演权、广播权、公开朗诵权、改编权、制片权、追续权等；其精神权利主要包括署名权、保护作品完整权等。① 另外，《伯尔尼公约》还规定了对发展中国家的优惠条款。②

《伯尔尼公约》是国际社会为版权保护国际化而努力的结果。自诞生以来，经过多次修改，其成员国以发展中国家为主，在国际舆论上具有较强影响力。该条约也表明，对民间文学艺术等传统文化资源的保护已经成为国际共识。公约在版权保护领域具有较高保护水准，不仅是因为其概念界定的精准、内容规定的周密和完备，更因为其对众多国家的版权保护产生了积极深远的影响。令人最赞许的是关注作者的权利以及鼓励并奖励智力创造。《伯尔尼公约》从开始只有 9 个成员国，主要以欧洲为中心，到现在则遍布各个洲，至 1986 年 1 月已有 76 个成员国，包括经济社会发展各个阶段和各种政治意识形态的国家。③

《伯尔尼公约》的著作权保护模式也存在一定的局限。首先，《伯尔尼公约》并没有明确提出"民间文学艺术"的保护概念，而提出的是"文学艺术作品""匿名作品"或者"身份不明的作品"。《伯尔尼公约》对于作品的保护需要具备两个条件，即作品属于未曾出版的作品并且无法确定作者的身份。这些保护条件的要求与民间文学艺术的内涵或外延存在差异，特别是不符合民间文学艺术的群体性法律特征。1963 年，在联合国教科文组织和伯尔尼联盟组织在布拉柴维尔召开的非洲版权工作会议（the African Working Session on Copyright）上，代表们建议《伯尔尼公约》应设立一个特别规则，以保护非洲国家对其民间文学艺术的利益。如印度代表提出在《伯尔尼公约》所保护的作品类型中加上"民间文学艺术作品"的建议，使用

---

　　① 《保护文学和艺术作品伯尔尼公约（1971 年巴黎文本）》第 6 条、第 8 条、第 9 条、第 11 条、第 14 条。

　　② 根据《保护文学和艺术作品伯尔尼公约（1971 年巴黎文本）》第 21 条及附件等内容的规定，《公约》对发展中国家的优惠条款主要体现在翻译强制许可、复制强制许可两个方面。

　　③ ［澳］山姆·里基森，［美］简·金斯伯格. 国际版权与邻接权：伯尔尼公约及公约以外的新发展［M］. 郭寿康，等，译. 北京：中国人民大学出版社，2016：21.

了"民间文学艺术作品"这一术语。随后，伯尔尼联盟成立工作组，研究在《伯尔尼公约》中增加一个条款以保护民间文学艺术的问题。在其建议的条款中，使用了"未出版作品"这一术语，但最终没有被采纳。《伯尔尼公约》规定的"未出版作品"包含了一部分"民间文学艺术"。后来，捷克代表建议成立一个政府部门，由该部门代表民间文学艺术作品的作者，享有和行使权利。工作组提出了一个建议条款，此即后来的《伯尔尼公约》第十五条第四款，亦即"未出版作品"保护规则。在 1967 年斯德哥尔摩外交会议上，与会者对《伯尔尼公约》进行了修改，增加了"未出版作品"保护的制度，把民间文学艺术作为未出版作品在国际层面上给予一定的保护。

其次，保护条件或范围存在局限。按照《伯尔尼公约》"未出版作品"制度这种"经有限修改"的著作权制度，只有符合著作权法规定的作品条件的、没有出版的、作者身份不明但有充分理由推定该作者是伯尔尼同盟某一成员国的国民、该作者去世未超过 50 年的民间文学艺术，才可以得到《伯尔尼公约》的保护。而已经出版的、作者身份确定的、作者去世超过 50 年的、不符合著作权法规定的作品条件的民间文学艺术就不能得到《伯尔尼公约》的保护。① 也有一些评论家质疑《伯尔尼公约》对民间文学艺术的保护，认为《伯尔尼公约》涉及匿名的个人作品的保护，对社区或个人创作作品的保护存在局限。它提供的保护方式并未充分考虑到民间文学艺术表达的特殊性。另外，其保护的障碍是成员国必须颁布保护民间文艺的国内法，只有这个国家的著作权法包括民间文艺，这个国家才能根据《伯尔尼公约》寻求国际版权保护。《伯尔尼公约》的成员分布仍然存在不太平衡和空白地带，公约仍然还是以欧洲为中心，导致其他州的国家很难享受该项权利。②

另外，《伯尔尼公约》是世界各国利益协调的产物，在公约条款制定过

① 严永和. 民间文学艺术的知识产权保护论. ［M］. 北京：法律出版社，2009：155.

② ［澳］山姆·里基森，［美］简·金斯伯格. 国际版权与邻接权：伯尔尼公约及公约以外的新发展［M］. 郭寿康，等，译. 北京：中国人民大学出版社，2016：21.

程中需要协调各方的意见。由于需要照顾到成员国的多元意愿，其在立场上显得不够明确。公约历经七次修改，不同国家基于立场和利益考量，可能加入的是不同版本的公约。《伯尔尼公约》原则性规定的内容较多，具有可操作性的规定较少，很难为发展中国家提供保护民间文学艺术的有效方案。《伯尔尼公约》允许成员国对其内容进行一定的保留，这些都在一定程度上影响了《伯尔尼公约》的影响力。也有学者指出，《伯尔尼公约》实施以来，正式向《伯尔尼公约》主管机构声明享有面向发展中国家优惠条款的国家屈指可数；① 《伯尔尼公约》的保护模式并没有显得特别有效或者有用，特别是对未经授权的商业利用的管理或控制不足。② 有学者认为，《伯尔尼公约》一百周年并没有给版权的未来带来很大的希望，而版权受到了现在几乎已经被人们忘掉的复制技术的威胁和发展中国家的相当多的怀疑。信息技术及其产生的商业问题是非常复杂的，需要一个全新的法律框架做出合理的解释。新媒体对于在世界范围传播知识、娱乐，改善恶劣生活都占有重要地位，③ 但到目前为止，依据《伯尔尼公约》制定民间文艺保护国内法的国家数量仍然有限，仅有一些国内民间文艺资源保护受到较为严重威胁的亚洲、非洲或拉丁美洲国家制定了国内法。

二、《发展中国家版权突尼斯示范法》

突尼斯的地理位置位于非洲大陆的最北端和欧洲的门阶，处于腓尼基、罗马、汪达尔和阿拉伯文明的十字路口。因此，它积累了与不同历史时期相关的多层文化遗产。在突尼斯，民间文学艺术被认为是创造力和创新的源泉，大家认为它对国家的社会和经济发展做出了贡献。因此，突尼

---

① 金眉. 伯尔尼公约论述[J]. 南京大学学报（哲学·人文·社会科学），1994（4）：71.

② 黄玉烨. 民间文学艺术的知识产权保护研究[M]. 北京：知识产权出版社，2008：86.

③ ［澳］山姆·里基森，［美］简·金斯伯格. 国际版权与邻接权：伯尔尼公约及公约以外的新发展[M]. 郭寿康，等，译. 北京：中国人民大学出版社，2016：11.

斯的目标是防止对其民间文学艺术的侵蚀，防止非法利用其民间文学艺术，并通过允许合法利用来进一步丰富它。突尼斯版权保护的历史开始于前殖民国家将其国家立法扩展到其殖民地、受保护国或附属国的时期。1889 年《突尼斯文学和艺术财产法》、1966 年第 66～12 号法（"1966 年法律"）、1994 年第 94～36 号法（"1994 年法"）等民间文学艺术保护立法相继实施。突尼斯作为第一个在版权法中专门介绍民间文学作品保护的国家而受到外界赞扬。

民间文学艺术是广大发展中国家的重要文化遗产，发展中国家应该从民间文艺的传承与保护中获取一定的经济利益。基于上述考虑，1976 年，在 UNESCO 和 WIPO 的共同努力下，突尼斯政府成立了"政府专家委员会"，通过了《发展中国家版权突尼斯示范法》。正如其名称所示，《突尼斯版权示范法》主要服务对象是不发达国家，通过知识产权保护手段为广大发展中国家建立民间文学艺术等传统文化资源保护的统一标准，以为这些地区建立和完善国内立法提供借鉴和参照。

《突尼斯版权示范法》采用的是著作权保护模式，但也对传统的著作权制度进行了改造和突破。① 《突尼斯版权示范法》对民间文学艺术的概念与范围进行了界定，认为民间文学艺术是指在其本国境内创作、其作者为所在国国民或社团，世代相传并具有民间文学艺术特征的所有文学、艺术和

---

① 严永和教授认为，《突尼斯版权示范法》民间文学艺术保护规则对著作权法的修改表现在：(1)在保护条件方面，《伯尔尼公约》规定的独创性要件和多数国家采纳的固定性要件被取消，这就可以涵盖构成民间文学艺术的作品的保护。(2)在权利内容方面，不仅规定了著作财产权和著作人身权，还引入了公共领域付费使用制度。(3)在权利期限方面，对民间文学艺术的著作权给予无限期的保护。(4)在权利主体方面，把有关政府部门规定为权利主体，从而迥异于著作权法个人主义的"私"权利主体。(严永和. 民间文学艺术的知识产权保护论[M]. 北京：法律出版社，2009：157.) 杨鸿博士认为，《突尼斯版权示范法》为民间文学艺术提供了特别权利保护，该权利仍处于版权法框架内，权利性质和内容并不特别，但权利主体与行使方式、权利保护期限以及权利的救济方式等方面又存在不同于普通版权的特性。(杨鸿. 民间文艺的特别知识产权保护国际立法例及其启示[M]. 北京：法律出版社，2011：95.)

科学作品。① 除公共机构为非商业目的使用外，《突尼斯版权示范法》将有关国家民间文学艺术作品的经济权利和部分精神权利的行使主体界定为国家主管当局，针对发展中国家民间文学艺术提出了族群权利、永久性保护，国家民间文学艺术作品的保护不受任何期限限制。这样规定的目的在于"防止对民间文学艺术等文化遗产的不当利用并允许对其进行适当保护"。② 另外，《突尼斯版权示范法》规定民间文艺作品不要求固定性和原创性，因此，可以将其提供的著作权保护理解为是一种特殊的著作权保护模式，即它属于著作权保护模式，但又独立于普通的著作权规则。

《突尼斯版权示范法》的先进性还体现在以下几个方面：第一，较充分地体现了民间文学艺术这一艺术形式，区别于现代艺术或《伯尔尼公约》"未出版作品"的艺术特征，其包括"代代相传"，"构成所在国家传统文化遗产的基本要素"等内容。第二，较全面地回答了民间文艺知识产权保护中面临的多种重大问题。比如，行使权利的主体、权利内容、保护期限等。③ 可以这样说，《突尼斯版权示范法》为民间文学艺术表达提供了一种特别的保护规则，使其在著作权法框架下不受独创性、固定性、明确性原则要求，而且为其提供无期限的保护。第三，注重对精神权利和经济权利的双重保护，引入了普通版权法中的精神权利保护规则，而且不设保护期的上限。第四，提出了"付费使用制度"。根据域名公共支付系统（domain public payant system）的规定，属于公共领域的作品可以不受限制地使用，但须按照使用该作品或其改编作品所产生的收入的一定百分比支付费用。使用者应将在公共领域使用作品或改编的作品（包括民族民间文学作品）所产生的收入的一定比例支付给主管机关。收取的款项将用于促进有利于作

①　黄玉烨. 民间文学艺术的知识产权保护研究［M］. 北京：知识产权出版社，2008：87.

②　李墨丝. 非物质文化遗产保护法制研究——以国际条约和国内立法为中心［D］. 上海：华东政法大学，2009：101.

③　杨鸿. 民间文艺的特别知识产权保护国际立法例及其启示［M］. 北京：法律出版社，2011：104.

者和表演者的机构或者保护和传播国家民俗。

鉴于《突尼斯版权示范法》规定内容的全面性和较高的保护水平，《突尼斯版权示范法》在非洲许多国家产生了广泛的影响。许多国际以《突尼斯版权示范法》为蓝本，在本国建立起民间文艺的著作权保护制度。布隆迪、科特迪瓦、几内亚等国家都直接采纳了《突尼斯版权示范法》。1976 年《突尼斯版权示范法》是 1967 年《伯尔尼公约》"未出版作品"制度的重大发展，并为 1977 年《班吉协议》的出台准备了条件，打下了基础。

有学者就《突尼斯版权示范法》的不足和缺陷进行过分析，认为其未区分"民间文学艺术"和"民间文学艺术作品"，将"民间文学艺术"纳入著作权保护范畴，超越了传统著作权法客体的保护范围，导致该法无法产生实际效果。

另外，《突尼斯版权示范法》存在违背著作权法原理、主体构造失衡、私权主体缺位、共有领域减灭等问题。[①]《突尼斯版权示范法》保护的衍生作品为原始作品，包括"源自国家民俗的作品"。但对于土著社区以外的作者简单地修改先前存在的作品，然后成为该作品的所有者和拥有者的规制不足。有学者认为《突尼斯版权示范法》对于"现实主义集体"或"传统部族"没有提供足够的保护。另外，使用民间文艺作品的授权不是土著群体自己做出的，而是由"主管当局"自己做出或国家指定的。《突尼斯版权示范法》是示范立法而非生效立法，这也是其缺陷之一。

三、1977 年《班吉协定》

广袤的非洲地区拥有数量巨大的传统部落和极其丰富的民间文学艺术形式。非洲知识产权组织致力于通过著作权模式保护民间文学艺术。非洲诸多国家成为著作权保护民间文艺的策划地和始发地。非洲知识产权组织于 1977 年制定的《班吉协定》无疑对非洲许多国家的民间文艺版权保护进

① 廖冰冰. 民间文学艺术概念及法例评析——以 1976 年《突尼斯版权示范法》为对象[J]. 社会科学家. 2015(3)：70.

程起到了积极的推动作用。《班吉协定》对民间文学艺术采取的是"付费共有领域"保护模式，即将民间文学艺术和公有领域的作品同样对待，商业利用时必须向国家的集体权利管理机构支付一定的使用费。①

《班吉协定》是对民间文学艺术作品进行明确而直接的著作权保护的唯一区域性国际公约，而且其所倡导的对民间文学艺术作品进行综合保护的理念对各国设计保护民间文学艺术作品具体制度具有重要参考价值。《班吉协定》是一个完整的立法体系，它并不满足于逐字逐句地照搬外国文本，而是对满足非洲知识产权组织成员国具体需要的规定做出慷慨的让步。《班吉协定》是非洲知识产权组织的一个地区性多边条约，它的突出特点是其规定的保护范围十分宽泛。民间文学艺术至少包括六大类，即以口头或书面形式表达的文学作品、艺术风格与艺术产品和以手工或以其他方式制作的造型艺术品、宗教传统仪式、民间习俗、科学知识及作品、技术知识及作品。② 有一些很明显属于公有领域的东西，不应当作为民间文学艺术作品来保护，如物理、数学、天文学方面的理论与实践知识，不应当享有任何方面的专有权。另外，较之于《伯尔尼公约》在很多方面规定的原则性与模糊性，它对民间文学艺术保护的要求是明确具体的，它具体规定了权利人所享有的各项权利以及这些权利如何行使，这使民间文艺保护不仅仅停留在理论层面，还为规定的贯彻实施提供了保证。

除了国际公约外，世界各国对民间文学艺术的立法保护情况各异。世界上大多数发展中国家尤其是广大的非洲国家都以立法的形式保护民间文学艺术，而在发达国家则鲜有以单独立法的形式来保护民间文学艺术。只有英国以类似《伯尔尼公约》规定的方式，将民间文学艺术和匿名的未出版作品归为一类进行保护，但这并不意味着发达国家不保护民间文学艺术。有些国家通过判例或者商标法、地理标志制度、反不正当竞争法等对民间文学艺术进行保护，也有部分国家制定了相关的行政法。综上所述，国际

① 参见《班吉协定》附件七关于"版权与文化遗产"的规定的第 59 条。邓社民. 民间文学艺术法律保护基本问题研究[M]. 北京：中国社会科学出版社，2015：160.

② 郑成思. 版权法[M]. 北京：中国人民大学出版社，1990：125.

社会在民间文学艺术保护方面进行了积极探索，形成了若干保护成果，但也存在一些局限。

综上所述，著作权保护适用于传统音乐、戏曲等大部分的传统文化项目，对于传统口语形式的文学遗产也将其归纳为口头作品同样可受到版权法的保护。传统手艺技术方法，如年画和剪纸，可以作为艺术品加以保护。传统体育娱乐表演可以通过表演者的邻接权得到保护。民间文学艺术保护工作的惯用手段是采取著作权制度。《突尼斯版权示范法》《班吉协定》等都主张在著作权法体系中对民间文学艺术作品进行保护。然而，现行知识产权法律框架内，民间文学艺术可以获得一定保护的仅仅限于能够形成作品、能够有权利主体主张权利，并且尚未超过保护期的民间文学艺术表达。民间文学艺术保护在理念与指导思想、权利性质、独创性、固定性、确定的作者、有限保护期等方面与现行著作权法存在较大冲突，很难在现行著作权法下得到完整的保护。一些不可忽略的客观元素，成为阻碍著作权制度保护民间文学艺术的一道强悍的屏障。

第一，主体难以确定。权利主体方面，在现行著作权法中，对于权利主体的规定并不限于单个人，还有法人或多人，但无论主体是什么，其人数和身份总是特定的。著作权有着明确的受益对象，如创造性文学作品、科学成果、艺术杰作的"作者"。民间文学艺术的创作者大多是团体或组织，很难确定个人作者的身份。民间文学艺术拥有者或传承人（团体、机构乃至国家机关）是技术掌握者和传承发展的推动人，具有不可替代性的重要作用，应该被著作权人身权所保护。然而，民间文学艺术的群体性和地域性决定了只能确定艺术类型的发源地，没有唯一的主体。民间文学艺术是传统村寨、社区居民、种族群落在长期的生产生活中创作的、代代传承并构成其传统文化遗产组成部分的全部文学艺术和科学作品，一般而言是一个族群的共有物，而族群是动态演变的，很难将其特定化。一个人可能确实创造了一部特定的民间文学作品，但它最终会被整个社会所获得和使用，随着时间的推移，它会逐渐失去其个性特质。因此，要找出一部民间文学作品的第一个创作者将是一项艰巨的任务。① 例如，纳瓦霍人传统的"治愈"歌曲《美丽之路》，已经存在了数千年，根本不符合联邦版权法的规定。因为《美丽之路》这首歌是代际创作，这首歌不是"原创的"，它没有一个或多个已知的作者，也没有"固定在任何有形的表达媒介中"。因此，它就没有资格受到联邦版权法的保护。② 民间文学艺术主体的不确定性，给著作权法律制度的保护带来了一定的困难。

第二，保护期限的问题。一部民间文学作品在被遗弃或"遗忘"之前可能存在数百年，因此，不可能将其保护期限局限于知识产权制度规定的日期内。即使民俗作品存世不长，也很难确立一个确定适当保护期的框架，因为民俗缓慢演变的性质导致不可能准确地确定民俗作品的创作时间。③ 在现行著作权法中，对著作权的保护都是有期限的，且其期限通常是确定的，而民间文学艺术的保护通常处于动态变化之中，传承、创新、再传承、再创新、每一段历史时期都是再创作的过程，无法界定从哪一阶段开始对民间文学艺术进行保护以及何时是终结点。④ 自主保护是我国著作权法保护作品权益的原则。当一个享有作品本身财产权益的作品完成时，该作品即拥有专属的著作权。著作权的保护对象分为人身和财产两方面。受法律保护的时间范围也存在一定的差异。其中，作品人格权的保护时间不作特别限制，而作品财产权保护制度则规定只对作者生平至死亡之后 50 年时间内享有保护权益。自主保护在民间文学艺术的保障工作中，具有完备

---

① Paul Kuruk. Protecting folklore under modern intellectual property regimes：A reappraisal of the tensions between individual and communal rights in Africa and the United States[J]. The American University law review，1999(5)：57.

② Ruchira Goswami，Karubakee Nandi. Naming the unnamed：Intellectual property rights of women artists from India[J]. American University Journal of Gender，Social Policy & the Law，2008(16)：257.

③ Paul Kuruk. Protecting folklore under modern intellectual property regimes：a reappraisal of the tensions between individual and communal rights in Africa and the United States[J]. The American University law review，1999(5)：18.

④ 李墨丝. 非物质文化遗产保护国际法制研究[M]. 北京，法律出版社，2010：227.

的人身权保护权益机制，但是在维护著作权财产权的工作中却相当疲软。著作权的受保护期限时间短暂，而且没有明确的开始计时的时间点，使得推算工作相当繁琐，导致民间文学艺术的流传和续接及继承之路变得崎岖坎坷，阻碍着文化的多样化和可持续性计划的进展。

第三，独创性方面。民俗是一个缓慢的创造性发展过程的产物。它不是停滞不前，而是发展缓慢。美国的版权法是以"作者"和"原创性"的概念为前提的。版权法只对"原创作者作品"提供保护。加拿大和澳大利亚的版权法紧跟英美法系。因此，他们也要求作品证明原作者有资格获得保护。在现行著作权法体系中独创性是其重要构成要件，但在民间文学艺术的保护中，因其具有传承的特点，导致各位学者对民族民间文艺的独创性看法不一，有些学者甚至认为民族民间文艺不具有独创性，由此导致民族民间文艺无法获得知识产权的保护。民间文学艺术历史悠久，独创性难以界定区分，是现行著作权法对民族民间文艺保护困难的原因之一。

第二节　特别权利制度模式下的立法探索

在现行知识产权制度框架下，著作权制度等在对民间文艺的保护中具有保护力度不足的制度缺陷，无法为其提供完善的知识产权保护。一些国际组织和学者吸取著作权法、专利法的制度营养，结合民间文艺的特点，提出了一套针对传统部族特别权利保护的政策及法律。《保护民间文学艺术表达形式，防止不当利用及其他侵害行为的国内法示范条款》（简称1982年《示范法》）和 WIPO-IGC 保护民间文学艺术的最新成果《保护传统文化表现形式：条款草案》（2019）都是特别权利保护政策探索的实践成果。

一、1982 年《示范法》

在制定《突尼斯版权示范法》之后，联合国教科文组织于 1977 年夏天在突尼斯召开了一个关于法律保护民俗文化的专家委员会。该委员会同意，对于民俗保护的问题应该进行更全面的评估。随后，教科文组织和世界知识产权组织召集了一个由 16 名受邀专家组成的工作组，于 1980 年 1 月在日内瓦举行会议，审议一项示范法草案，以便在国家立法中更好地保护民俗文化。工作组一致认为，需要对民俗提供适当的法律保护。他们支持使用可纳入国家法律的示范条文，并将其视为对地区和国际民俗保护的第一步。教科文组织和知识产权组织召集的一个政府专家委员会审议了工作组的《示范法》修正案草案，并于 1982 年通过。

1982 年《示范法》提出了对民间口头知识、音乐、舞蹈、游艺、宗教仪式、建筑及手工艺品等予以重点保护，为发展中国家民间文学艺术作品保护提供了立法模板。该项法案共 14 条，从权利主体、权利客体、权利内容、保护期限、权利限制、违法行为、侵权责任与救济等方面为民间文学艺术等传统文化资源的保护创设了一套完整的制度体系。

1982 年《示范法》的起草者显然认识到根据版权法保护民俗作品在理论上存在的困难，因此倾向于采用特殊类型的保护。关于权利主体，1982 年《示范法》回避了民间文学艺术表达形式"所有者"这一说法，而使用了"主管部门"和"有关社区"的提法。① 将权利客体界定为民间文学、民间音乐、民间舞蹈及其他动作表达形式、民间美术等由特定社区或者成员创作和发展或者维持的，反映社区传统的智力成果。1982 年《示范法》主要内容包括：民间文学艺术是各个国家的一份重要的文化遗产；科学技术的迅速发展，特别是在录音、录像、广播、有线电视和电影摄制领域的发展，可能导致该国文化遗产的不当使用；以营利为目的，并在其传统或习惯范围之外，对民间文学艺术进行的利用，须经过（相关社区）有关主管机关授权；1982 年《示范法》提供的保护没有时间限制，且对外国民间文学艺术提供保护。②

1982 年《示范法》首创了在知识产权背景下设立独立于版权的新型特别

---

① 严永和. 民间文学艺术的知识产权保护论［M］. 北京：法律出版社，2009：171.

② 黄玉烨. 民间文学艺术的法律保护［M］. 北京：知识产权出版社，2008：90-94.

模式保护民间文学艺术,范围全面、内容具体。2001 年,WIPO-IGC 曾经就世界知识产权组织的成员国和 IGC 其他成员国对 1982 年《示范法》的态度和意见进行过问卷调查。一些国家,特别是发展中国家,将 1982 年《示范法》作为颁布更广泛的民俗保护知识产权法的基础。大多数非洲国家已经或正在将民间故事和其他类型民俗的版权或特殊知识产权保护纳入国家法律。① 这些国家包括阿尔及利亚、安哥拉、贝宁、博茨瓦纳、布隆、喀麦隆、科特迪瓦、吉布提、埃及、加纳、马里、阿拉维、摩洛哥、纳米比亚、尼日利亚、尼日尔、塞内加尔、塞舌尔、多哥和津巴布韦。这些法律在不同程度上以 1982 年《示范法》为基础,并将一种特殊保护作为邻接权纳入其版权法规。

二、《保护传统文化表现形式:条款草案》(2019)

世界知识产权组织(WIPO)是国际上最权威的处理知识产权问题的联合国机构。《伯尔尼公约》等国际法律保护文件的出台,并没有对民间文学艺术提供充分的保护,发展中国家对在 WIPO 框架下推进传统文化资源保护的呼声日益强烈。WIPO 开始从传统文化表现形式的保护为起点,推动传统知识的保护工作。WIPO 框架下对传统文化资源的保护可以追溯到 20 世纪 60 年代。WIPO 认可传统文化表现形式应作为土著居民、传统社区的知识产权而受到保护。1998—1999 年,WIPO 派出 9 个实地调查团奔赴世界各地调查传统知识相关情况,寻求解决方案,形成了《传统知识持有人的知识需求与期待——WIPO 关于知识产权与传统知识实地调查团报告(1998—1999)》,为传统文化资源国际法律保护提供了广泛的事实依据和参考建议。2000 年 10 月,WIPO 专门成立了"知识产权与遗传资源、传统知识、民间文学艺术"政府间委员会(IGC)。WIPO-IGC 的任务是讨论与遗

① 例如,坦桑尼亚于 1999 年制定《版权和邻接权法》,对"在坦桑尼亚联合共和国发展和保护的民俗表达"给予知识产权保护。另外,还根据国民待遇规则将这种保护扩大到外国民俗艺术表现形式,要求外国民俗艺术表现形式起源的管辖区给予与坦桑尼亚同等的保护。

传资源、传统知识和民间文学艺术获取与惠益分享相关的知识产权问题。WIPO-IGC 成立至 2021 年 1 月，共举行了 40 次会议，围绕传统知识议题的谈判一直在持续推进中，围绕传统知识保护取得了一系列成果。在 WIPO-IGC 主持下，民间文学艺术等传统文化资源保护取得一系列成果。如，建立起统一的传统知识保护国际论坛，取得了阶段性传统知识保护的国际共识，获得了一定的民间文学艺术保护成果，赋予了传统部族广泛的权利等。①

（一）《保护传统文化表现形式：条款草案》(2019) 的制定及其内容

2019 年 6 月 17 日至 21 日，在举行的"知识产权与遗传资源、传统知识、民间文学艺术"政府间委员会第四十届会议上，委员会编拟了一份案文《保护传统文化表现形式：条款草案》，成为目前 WIPO-IGC 关于民间文艺和传统知识保护的最新立法文件。②

2019 年《保护传统文化表现形式：条款草案》（以下简称《条款草案》）为保护民间文学艺术等传统文化资源提供了特别权利保护框架。《保护传统文化表现形式：条款草案》意图构建起新的民间文学艺术特别权利保护机制，对民间文学艺术设置以特别权利加以保护，虽然也有一定的困难，但大多可以克服，因为知识产权法律体系本身就是动态的、开放的，构建特别权利保护体系是民间文学艺术保护模式的又一选择。

《条款草案》由序言（引言）和 15 个条款组成，包括概念界定、权利主体、权利内容、权利限制与例外、保护期限、侵害民间文学艺术产权的法律责任等部分，其核心条款集中在第一条、第三条、第五条等条款。

---

① 发展中国家、当地社区和土著人民认为传统知识是其文化和特性的重要组成部分。在 WIPO-IGC 的主导下，发达国家和发展中国家、土著人民得以获得交流观点、论述立场的"讨论论坛"。在过去 20 年的时间里，国际社会参与传统知识保护研讨的热情仍然持续高涨，WIPO-IGC 不仅是保护传统知识的合适平台，更是当前讨论保护传统知识的最重要的国际平台。

② 本统计以世界知识产权网站公布的会议及文件情况为准，统计时间截至 2021 年 1 月 1 日。

第一条"术语的使用"中，对传统文化表现形式的概念进行了界定。概念界定分别采用"概况式"和"列举式"两种方式。① 第三条是关于"保护标准/资格标准"的规定。第一备选项为民间文学艺术设置了三个层面的保护要求。首先，民间文学艺术是由土著人民、当地社区或其他受益人创造、形成、接收或揭示，并由他们根据其习惯法和规约集体发展、持有、使用和维持。其次，民间文学艺术要与土著人民、当地社区或其他受益人的文化和社会认同以及传统遗产有关联，或者是其组成部分。再次，要求民间文学艺术代代相传，无论是否连续。第二备选项只对第三个条件进行了修改，要求民间文学艺术代代相传，无论是否连续，或者不少于50年或五代的期间。第五条"保护范围"设置了三个备选方案，规定了受益人应享有的广泛的经济利益和精神利益。第五条"例外与限制"的规定，主要涉及保护公共利益、习惯法等民间文学艺术特殊权利保护的例外。

(二)《保护传统文化表现形式：条款草案》(2019)的不足

《保护传统文化表现形式：条款草案》(2019)的不足，主要有以下方面：

第一，客体设置范围过于宽泛。《条款草案》将"仪式、典礼、在圣地和巡游中举行的典礼、竞赛和传统运动/运动和传统竞赛"纳入保护范围，而这些内容与传统民间文学艺术的范围存在差异。从某种程度上来说，典礼、竞赛、传统运动等虽属于传统文化，但并不具备现代知识产权制度保

---

① "概况式"定义认为，传统文化表现形式是土著、当地社区和/或其他受益人在传统环境下或从传统环境中表现(出现或展现)的传统文化做法和知识的任何形式的智力活动、经验或洞见的结果。"列举式"定义认为，传统文化表现形式包括：语音和文字形式，如故事、史诗、传说、通俗故事、诗歌、谜语及其他记述性作品，词语、标志、名称和符号。音乐形式，如歌曲、节奏和器乐、典礼表现形式的声音。动作表现形式，如舞蹈、化装游行作品、戏剧、仪式、典礼、在圣地和巡游中举行的典礼、竞赛和传统运动/运动和传统竞赛、木偶戏及其他表演，无论是已固定的还是未固定的。物质或非物质表现形式，或者物质表现形式与非物质表现形式的组合，物质表现形式包括舞蹈、化装游行作品、戏剧、仪式、典礼、在圣地和巡游中举行的典礼、竞赛和传统运动/运动和传统竞赛、木偶戏及其他表演，无论是已固定的还是未固定的。

护意义。传统文化资源的保护是一项复杂的全球性问题，宽泛的保护范围界定并不利于民间文学艺术的保护。

第二，一些概念的表述存在重复。在序言（引言）部分第四项、第七项、第十二项三次涉及传统文化的价值描述，第三项、第五项、第十一项也都涉及传统文化重要性的描述。相关表述有所重复，层次性表达不够。在第 3 条保护标准/资格标准部分，关于"代代相传""或者不少于 50 年或五代的期间"表述存在重复。第 5 条"保护/维护的范围""兼顾各方利益的方式"与"惠益中收取公平公正份额"部分存在重复。

第三，保护规则的实体条款存在不足。《条款草案》提出的政策目标和指导原则的内容多是倡导性、抽象的规则，只具有指导性意义。如果要形成有约束力的国际文件和建立相应的国际保护机制，起作用的主要是实体条款。但是实体条款仍然存在一些不足。序言/引言中第二条涉及了传统文化资源的权利内容，但这些规定中没有为传统文化资源直接设定排他性财产权。关于传统文化如何保护，《条款草案》并没有为发展中国家民间文学艺术作品保护提供立法模板。

《条款草案》是一项极具争议的文书，WIPO-IGC 已致力于文书十年之久。这些争论涉及文件的目的、性质，以及各项细节。文件的性质将根据每一条款备选措辞的选择而发生实质性变化。由于大多数条款的性质暂定，对其中的权利、义务进行详细的分析是不可能的。

第四，对传统社区居民人权保护存在不足。关于传统文化权利内容的规定主要集中在第五条，在"传统文化表现形式的受益人的经济利益和精神利益"中，对于有哪些经济或精神利益，如何保护、怎么保护并未提及。

《条款草案》对传统社区居民人权保护的不足主要与 WIPO-IGC 的议事规则有关。IGC 的参与者包括来自公认民族国家的政府代表、相关国际机构的官员、政府间组织、非政府组织的代表，以及已获得许可以某种身份参加的部分土著代表。政府间委员会是由成员国驱动的，政府代表是唯一有权提出提案、修正案和动议的参与者。然而，受到最终文书影响最大的土著人民和当地社区却无法完全参与这些协商。相反，WIPO 认为他们是

"观察员"。他们不能正式提出提案、修正案或动议，也不能在 IGC 会议上投票。① 尽管政府间委员会为加强土著群体的参与作了巨大努力，但批评者继续重申他们对政府间委员会工作的关切和保留意见。他们声称，迄今为止，IGC 在没有土著群体广泛参与的情况下编制了文件。

由于土著群体面临着制度、财政和政治方面的挑战，想要在 IGC 那里提高自己的作用，这对他们而言将是一场艰苦的斗争。许多学者和土著群体认为，如果 IGC 的最后文书不纳入和反映土著社区的观点，那么它将缺乏合法性。他们认为，IGC 制定一项或一组协议，这些协议将影响土著群体的权利，而没有适当考虑他们的观点。尽管成员国可能是善意和明智的对话推动者，但他们通常要么缺乏第一手知识，要么缺乏文化和习惯法背景，要么可能两者都不具备。

毫无疑问，WIPO 是一个以成员为中心的机构，成员国有权纳入或排除它们认为合适的团体和观点。虽然成员考虑了联合国的原则及其各自的公共形象，但他们不太可能轻易牺牲自己的利益。发展中国家在 IGC 可能处于不利地位，即使它们想代表土著人民的利益。虽然非政府组织在许多情况下帮助发展中国家解决相关问题，但这种援助不能弥补发展中国家在复杂的土著问题上缺乏专门知识的不足。发达国家更有可能拥有知识产权专家、指导其立场的国内法以及参加为期一周的 IGC 会议的手段。

第五，替换选项设置过多。《条款草案》是各方利益博弈的结果，由于各方立场和利益出发点不一样，在一些核心问题上呈现出差异甚至是相反的观点。为了融合各方利益，形成具有约束力的法律文件，《条款草案》用替代项的方式反映各方利益。术语的使用、目标、保护标准/资格标准、受益人、保护/维护的范围，这些核心环节都设置了替代项。虽然 WIPO-IGC 在传统知识国际保护体制的形成上做了大量的工作，但是，在知识产

① Veronica Gordon. Appropriation without Representation? The Limited Role of Indigenous Groups In WIPO's Intergovernmental committee on intellectual property and geneticresources, traditional knowledge, and folklore[J]. Vanderbilt Journal of Entertainment and Technology Law, 2014(16): 629.

权国际保护规则仍由发达国家主导话语权的现实下，在缺少发达国家参与和积极配合的情况下，仅仅单靠发展中国家的努力和少数发达国家的"同情"或"道义援助"，是难以短时间内在国际层面上达成一个能够被广泛接受的、各方面协调统一的传统知识保护国际框架。因而，建立统一的国际保护规则被认为"路途遥远，尚待时日"。①

综上所述，1982年《示范法》和《保护传统文化表现形式：条款草案》(2019)都以特殊权利的形式为民间文学艺术提供特别保护。这种特殊权利模式是在吸收现代知识产权制度元素的基础上，结合民间文学艺术保护的实际情况进行变通的制度创新。这种修正不是一般意义上的小修小补，而是对相关领域传统的基本原则与规则的改变，也为世界各国构建国内法律保护体系提供了制度借鉴。

---

① 戚小丽. 传统知识的法律保护问题研究［D］. 北京：中央民族大学，2006：120.

第五章　乡村振兴视角下民间文艺法律保护体系的构建

民间文学艺术是乡村地区拥有的重要经济、生态与文化资源，对乡村产业兴旺、环境保护、乡村文化建设具有重要作用。民间文学艺术保护与合理利用，是我国实施乡村振兴战略、促进乡村发展的重要途径和重要内容。我国虽已初步构建非物质文化遗产保护制度和民间文学艺术法律保护体系，但制度运行中存在的诸多不足和空白，为制度体系的重构留下了制度空间。

对现代文化成果和传统文化成果公平地给予法律保护，是文化伦理的要求，是文化运动规律的反映。乡村振兴视角下民间文艺法律保护体系的构建就是要以文化多样性、文化可持续发展及文化安全为理念，完善非物质文化遗产保护制度和知识产权保护制度，构建保护民间文艺促进乡村文化振兴产权规则，同时通过村民权利意识的培育、诉讼主体的确定、公益诉讼制度的引入等举措，以成熟的文化多样性保护制度参与国家竞争、讲好中国故事，为国际文化多样性、为生态文明和人类命运共同体建设提供中国经验和中国范式。

第一节　保护理念的构建

法律理念就是对法律的本质及其发展规律的一种宏观的、整体性的认知、把握和构建，① 被称为是"法律最高的价值"和"真正的正义的最终的

---

① 李双元，等. 法律理念的内涵与功能初探[J]. 湖南师范大学社会科学学报，1997(4)：71.

和永恒的形态"。① 乡村振兴战略视角下民间文艺保护理念的构建关系到乡村振兴与民间文学艺术的法律制度目标可否实现，制度设计能否落到实处，关系到乡村文化振兴保护模式的选择、主要条款的定制，对民间文学艺术保护的范围、主体、权利内容、保护期限、法律救济等都有决定性意义。乡村振兴视角下民间文艺法律保护体系构建应当以文化多样性、文化可持续发展及文化安全为理念，以文化权利保护为核心，完善民间文学艺术保存、传播与利用制度。

一、文化多样性

文化是主权国家、不同民族的重要标志，各个主权国家和民族独特的文化与传统是其赖以生存、发展，并在当今社会占有一席之地的重要条件。② "多样性"一词最早被人们限定在生物资源领域，生物多样性为人类继续存在和发展提供资源，其多样性保护关系到人类在地球村的生存和发展。文化多样性是指一个国家、地区或部族传统文化资源的丰富程度，是不同群体和族群借以表征自身地域特色、历史发展差异、文化内容迥异的重要方式。文化多样性也关系到人类在地球上的存亡。

民间文学艺术的多样性保护与生物遗传资源的多样性保护一样是一个世界性难题。从文化伦理角度看，民间文学艺术是一种文化要素，是文化多样性的重要组成部分。文化多样性是实现文化可持续发展的基本条件和重要保障。在人类文化发展的历程中，每个民族都形成了不同于其他民族、贯穿于各个时代、为各个时代的人们所接受和认同的以语言、工具、文字、符号等形式保留下来的个性特征。众多的传统文化构成了人类文化的大花园，每种民族文化都是人类文化大花园中的一朵奇葩，都以自己独

---

① 高铭暄，曹波. 当代中国刑法理念研究的变迁和深化[J]. 法学评论，2015（3）：57.

② 王景，周黎明. 民族文化与遗传资源知识产权保护[M]. 北京：知识产权出版社，2012（8）：79.

特的价值为世界文明作贡献。①

文化多样性启迪人们的思想，是人类创新和创造活动的源泉。保持文化的多样性，满足人们对文化多样性的需求，已获得越来越普遍的认同。文化兴则国运兴，文化强则民族强。没有高度的文化自信，没有文化的繁荣兴盛，就没有中华民族的伟大复兴。传统村寨是传统文化赖以保护与传承的文化空间，承载其中的传统文化既是乡村文化的基本单元，也是凝聚乡村成员共同体的精神纽带。② 从文化视角看，民间文学艺术最能展现一个民族的文化特色，是文化多样性的有机组成部分。当今世界，一万多个不同的社会群体生活在二百多个国家之中。③ 全世界土著人口超过 300 万，并且是 5000 种不同语言和文化的原始拥有者。由不同民族、土著构成的文化类型是世界文化多样性、多元化的基础和源泉。

随着全球化进程的加速，世界各区域、各个国家和民族、传统部族和社区之间的文化交流及接触和碰撞日益增加，各个文化类型之间的互动频率、交流深度日益加快。不同文化如何相处，文化多样性的意义如何实现等问题进一步凸显。包括知识产权制度在内的现代产权制度为保护文化多样性和生物多样性提供了一种机制，但是现有的、诞生于近现代资本主义国家的现代产权制度对文化多样性的保护范围和保护力度极为有限，其他保护制度由于内容比较分散、效力等级不高、保护方式和力度不足、保护机制不完善等原因导致传统资源不断丧失，保护和利用现状不够乐观，发达国家对发展中国家的文化"剥夺"和剽窃日益严重。在现代化与城镇化的浪潮中，乡村式微已成为既定事实。长期的城乡二元结构导致资源在城乡间分配不平等，城乡间发展差距越来越大，致使越来越多的村民远离村寨外出务工，"空心村"日益增多，村寨文化随着村民生产生活的空间转移不

---

① 童萍. 文化民族性问题研究[M]. 北京：人民出版社，2011：1.

② 李军，万兆彬，徐荣民. 民族地区乡村振兴的路径选择[J]. 度假旅游，2019（1）：65.

③ 吴汉东. 文化多样性的主权、人权与私权分析[J]. 法学研究. 2007(6)：51.

断弱化，甚至流失。① 随着西方发达国家在经济、科技等方面取得的优势地位，其在输出商品的同时也把本国文化输送到世界各地。长期的精神洗脑，使欠发达国家、地区的民众崇拜西方文化，逐渐丢掉了自己的文化个性和差异性，造成了本传统文化的消逝，导致文化多样性陷入危机。一些农村地区经济发展水平普遍落后，整体上的"自信"往往不够，面对现代化、全球化进程中"优势"文化的进入显得手足无措，节节败退。②

二、文化安全

世界上各个人类群体的文化在不同时代、不同地方所表现出的不同形式即表现为一定形式的文化样式，这些文化样式是为应对特定的环境而成长起来的多样化的知识体系。不同民族的多彩文化共同丰盈、满足着人类对多样性文化的需求，统一的文化将导致世界文化多样性的丧失，人类将失去创造、创新的来源，世界也将面临危险。③

全球化时代综合国力构成中，文化力具有至关重要的战略地位。文化也日益成为国家主权斗争的重要砝码。文化是发达资本主义国家进行政治渗透的手段。文化也是广大发展中国家捍卫自己主权的重要手段。④ 文化安全还是一国的观念形态的文化（如民族精神、政治价值理念、信仰追求等）生存和发展不受威胁的客观状态，它是国家安全的重要组成部分。国家文化安全包括意识形态安全和民族文化安全两个层面。⑤ 意识形态安全方面主要有来自西方国家的意识形态渗透等方面风险，西方国家把我国综

①　李忠斌，单铁成. 少数民族特色村寨建设中的文化扶贫：价值、机制与路径选择[J]. 广西民族研究，2017(5)：88.

②　阚军. 对文化多样性相关价值问题的认识[J]. 乌鲁木齐职业大学学报，2012(1)：59.

③　[美]罗杰·M. 基辛. 当代文化人类学概要[M]. 北辰，译. 杭州：浙江人民出版社，1986：28.

④　童萍. 文化民族性问题研究[M]. 北京：人民出版社，2011：21.

⑤　韩源. 全球化背景下维护我国文化安全的战略思考[J]. 毛泽东邓小平理论研究，2004(4)：125.

合国力的提升视为对其价值观念和制度体系的威胁和挑战，利用我国正处于社会主义初级阶段、社会问题和矛盾多发等，加紧对我国各个领域进行思想文化渗透。文化安全方面，主要面临西方强势文化和霸权文化的侵略。资料显示，2000年美国控制了全球75%的电视节目生产和制作。美国影片只占全球电影产业的6.7%，却取得全球85%的票房收入。可以说，文化产业的全球化和文化霸权的形成，使得民族国家的文化主权不断弱化，使得传统文化走向边缘化。① 西方文化强权和新殖民主义给我们带来了新的威胁。

一个国家的文化政策代表着国家根本性的安全利益需求，被人们称为组成一个国家安全观的底色。国家层面的文化政策在短期内相比经济、军事等政策的作用看似处于后发位置，但是对本国的各项战略制度会形成一定制约作用。民间文学艺术作为中华传统文化的核心内容和现代文化的有机组成部分，对抵制西方文化强权，维护我国文化安全和文化可持续发展具有重要作用和战略意义。②

民间文学艺术是传统部族或者社区在漫长历史过程中创造的精神成果，是世界文化体系的重要组成部分。不同类型民间文学艺术的存续和保护、非物质文化遗产的有效传承、传统文化产业的繁荣和兴旺对世界文化安全具有重要意义。主流文化对传统文化的占有和利用将给传统文化的生存和发展带来巨大的威胁，从而破坏文化多样性和文化系统安全。例如，在传统设计方面，原住民、传统社区、部族的标记、符号、手工艺品常常被非本民族的势力所不当利用，而原住民、传统社区、部族并没有事先获得知情同意或获得利益分享。

在音乐方面，原住民、传统社区、部族的音乐旋律、曲调、歌词、音乐风格等常常被社区外的音乐人、公司所冒用或者盗用，不仅没有事先取得同意和认可，也没有在作品中标注出处。国际流行音乐中，有不少流行

---

① 吴汉东. 文化多样性的主权、人权与私权分析[J]. 法学研究, 2007(6): 79.

② 严永和. 民间文学艺术酌知识产权保护论[M]. 北京: 法律出版社, 2009: 89.

音乐都离不开原住民、传统社区、部族的音乐元素对歌曲的贡献。

从世界范围观察，全球化使得文化多样性面临严重威胁，为经济利益而复制、衍生、传播和表演民间生活表达，脱离了原意，需扩大法律保护的范围。世界各地的地方文化传统已经商业化，民间文学作品遭受扭曲和打击。

民间文学艺术保护目的是保护传统文化与民间文化，保护文化多样性，促进文化交流、文化可持续发展和文化安全。新的时代背景下，人类社会发展正在经历百年未有之大变局，中华民族比历史上任何时候都更加接近伟大复兴中国梦的实现。当今社会，5G 等信息网络迅速发展、区域交流日趋便利、文化传播日趋频繁，全球化成为时代不可避免的国际潮流。民间文学艺术保护面临部族内部成员摒弃、外部文化侵扰、跨国公司不当利用或盗用等现实挑战。"同质性"文化枷锁正慢慢扣在了全世界大多数地区。伴随国家开放性程度的提高，带有西方意识形态特征的文化产品和文化服务致使一些青年人崇外主义倾向明显。资产阶级意识形态和文化传播载体传播范围的扩展，增加了我国传统文化抵制西方文化渗透的难度。"文化安全"作为新时代背景下的文明观之核心，将民间文学艺术保护引入乡村发展的研究和实践领域符合当今时代背景和国际形势，契合新时代中国发展的现实需求。

三、文化可持续发展

文化从民族学意义的角度可以认为它是包括知识文化、宗教信仰、道德风俗、法律规约和包括任何个体因作为社会成员而获得的包含于整个复杂体系里所得到的一切能力与习惯的综合。① 一个文化的形成过程，也是主体对该种文化的自我认证过程。由于自然环境等因素的影响，传统部族长期以来在自己世居的土地上封闭性地生存繁衍，世世代代地进行一种"自循环"，如美洲的印第安人、新西兰的毛利人、我国的不同少数民族等。由于缺乏必要的与外部社会的文化交流，传统部族文化形成一种独具

---

① 庄锡昌. 多维视野中的文化理论[M]. 杭州：浙江人民出版社，1987：99-100.

特色、文化基因"纯粹"的文化类型。这样的文化往往具有"圣境"性特点。除了神秘外，这些传统族群的文化内涵特别丰富，涵盖经济和社会活动、宗教信仰及其实践、神话传说、传统知识、音乐舞蹈等各个领域。

生命可能是短暂的，但艺术是永生的。"可持续发展"理念伴随着人类工业文明的发展而出现。该理念强调，要摒弃只顾眼前利益和局部利益的做法，着眼于长远和未来，既满足当代人的需求，又不损害后代人的需求。文化可持续发展保护目标的实现是人类社会共同的追求。1972 年，《联合国人类环境会议宣言》获得通过，可持续发展的概念得以与环境问题相联系并走进大众视野。2001 年，联合国教科文组织通过了《世界文化多样性宣言》，首次提出文化多样性是人类的共同财产。《世界文化多样性宣言》强调，多样性培育了创造性，创造性的多元共存包括多种文化群体积极的和动态的共存，不同文化的人们之间"和谐相处"是理想的完美世界，它保证了生活变化的平等。① 2005 年，联合国教科文组织通过了《文化多样性公约》，该《公约》被认为是第一个在保护促进文化多样性方面对缔约各国具有普遍法律约束力的国际文件，标志着国际社会文化多样性的保护上升到法律层面。② 从实践层面看，可持续发展理念在 UNESCO"人类非物质文化遗产代表作名录"中得到了具体体现。UNESCO 将非遗与可持续发展联系起来，从人类存续的高度明确了非遗的重要性。③ 联合国于 2015 年采纳的可持续发展目标里，文化首度在国际发展议程中被提及。联合国教科文组织将此举誉为对文化的"空前重视"。文化在不同的时代和不同的地方具有各种不同的表现形式。

文化多样性是交流、革新和创作的源泉，对人类来讲就像生物多样性

① 联合国教科文组织. 世界文化报告——文化的多样性、冲突与多元共存[M]. 北京：北京大学出版社，2002：34-35.

② 胡开忠. 文化多样性保护对知识产权国际贸易体制的影响[J]. 法商研究，2008(6)：89.

③ 钱永平. 可持续发展：非物质文化遗产保护的新理念[J]. 文化遗产，2018(3)：91.

对维持生物平衡那样必不可少。从这个意义上讲，文化多样性是人类的共同遗产，应当从当代人和子孙后代的利益考虑予以承认和肯定。从可持续发展的角度看，保护民间文学艺术就是在保护人类的现在和未来。在如今文化类型存量不多、文化安全和文化可持续发展面临挑战、现代欧美文化捉襟见肘漏洞百出以及"金融海啸"的时代背景下，传统部族文化作为文化类型和文化多样性所体现的文化价值和文化意义就更突出了。而民间文学艺术作为一种重要的传统文化智力成果是传统部族文化的重要载体和表现形式，民间文学艺术的"存活"和发展，就意味着传统部族文化作为一种文化类型的"存活"与延续，丰富了世界文化的多样性，从而为维护世界文化安全、维持世界文化可持续发展提供一定的保障。①

中华传统文化作为世界文化重要的文化类型，其传承与发展将对世界文化多样性与人类文化安全做出重大贡献。民间文学艺术是我国国家文化软实力的重要资源之一，是中华民族传统文化的重要组成部分。现代市场经济背景下，对民间文学艺术进行多元产业开发有效推进了民间文学艺术的现代化传承和利用，以博物馆、文化展馆、非遗文化中心建设、民间文艺资料整理汇编、音像制品创作等方式对民间文学艺术进行收集、整理、汇编；以各级非物质文化遗产保护名录、民间文学艺术文化传承人保护等为手段，对民间文学艺术进行的抢救和传承保护；以民俗旅游为切入点，对民族节庆、民族竞技活动进行商业包装，将民间故事、传说、音乐、舞蹈、传统手工记忆、特色民居建筑等向游客和公众进行活态展示；以电影、漫画、音像、服装等方式对民间文艺进行演绎和呈现，通过发展文化产业，推动文化符号的创造和销售，实现文化与经济有效结合；以注册商标、登记商号方式宣传推广传统文化符号……文化资源是发展乡村经济的比较优势，通过这些文化资源的创造性开发与转化，即把文化资源转化成文化资本，不仅可以解决民族群众的基本生计，而且还可以提高民族群众

---

① 严永和. 民间文学艺术的知识产权保护论[M]. 北京：法律出版社，2009：89.

的文化自信。通过这些尝试和举措，加强对民间艺术资源的挖掘和保护，对我国文化软实力的提升具有重要的意义。

综上所述，传统文化是文化多样性保护中最富有活力的组成部分。文化多样性、文化可持续发展及文化安全构成民间文学艺术保护体系的理念内容。

第二节　民间文学艺术法律保护制度的完善

如前文所述，民间文学艺术是推进乡村文化振兴的重要推手，民间文学艺术在非物质文化遗产保护、知识产权制度中可以得到一定程度的保护，但其不周全之处仍然明显。制度运行中存在的诸多不足和空白，为制度体系的完善和重构留下了制度空间。

一、知识产权保护制度的完善

知识产权保护制度的完善主要是指对现今的著作权、专利权、商标权保护制度进行调试，避免制度运行中的不足，为民间文学艺术提供完善的法律保护。

就著作权保护制度而言，第一，要确定其权利主体。民事主体包括自然人、法人、其他组织，个别情况下国家也可以成为民事主体。关于民间文学艺术的著作权利主体，我国学者有着不同的讨论。① 民事主体是民法

---

① 有学者认为，如果民间文学艺术为单个自然人产生或者继受，权利主体应为个人。（张洋. 民间文学艺术权利主体问题研究［M］. 北京：中国政法大学出版社，2016：46-47.）有学者认为，如果有关非物质文化遗产仅在家族内部传承，则传承人为权利主体。（李秀娜. 非物质文化遗产的知识产权保护［M］. 北京：法律出版社，2010：153.）有学者认为，民间文学艺术的权利主体应推定为民间文学艺术最近版本的传承人，如故事的讲述者、民间音乐的演唱者、民间舞蹈的表演者、民间美术的创作者等。［崔国斌. 否弃集体作者观——民间文艺版权难题的终结［J］. 法制与社会发展，2005（5）：14.］有学者认为，汇编者等创造性传承人对其传承的民间文学艺术享有"普通版权"或邻接权；再现者等非创造性传承人，对其再现或模仿的民间文学艺术享有"一种特别权或特别邻接权"。（张耕. 民间文学艺术的知识产权保护研究［M］. 北京：法律出版社，2007：200-215.）

中权利的持有者和义务的承担者。作为一种艺术成果的民间文学艺术，是由具体个人单独或者与其他个人合作创造、创作的智力劳动成果，其与现代知识产品创作与产生的情形，具有共性。艺术创作者在终极意义上，均为特定的个人，民法上称为自然人。在民间文学艺术传承、使用的实践中，当地传统文化社区的主要传承人对民间文学艺术掌握较多"权力"与"权利"，分享着更多的利益。结合民间文学艺术的群体性、传承性、民族性等特征，确定传统文化资源权利主体时，既要重视传统文化来源群体的集体利益、传承人的个人利益和得失，也要注意发挥国家这一公权力机关的重要作用。因此民间文学艺术的著作权主体应该是多元化的，不应该实施单一主体制度，应具体问题具体分析。第二，调整关于著作权保护期限的规定。在 WIPO 的《民间文学艺术报告》里面有详细记载，无时限的知识产权保护应该应用到文艺作品中，虽然与传统的版权制度或政策产生矛盾，但应根据具体情况灵活变换。也有国家的立法在努力寻求一种利益的平衡，例如《美国宪法》第 8 条第 1 款赋予国会颁布法律的权力，以确保作者"在有限的时间内"享有其著作的专有权。对这种垄断权的限制被认为是确保版权实现微妙平衡的必要条件。① 现今社会民间文学艺术是一种极为弱势的文化，面临着衰亡的威胁。民间文学艺术的传承与可持续发展，需要国家政策的支持与保护。第三，调整独创性规定。从民间文学艺术的传承和发展而言，其面临着传承人文化水平不高、传承文化处境艰难等现实困境，因此，应当降低对民间文学艺术保护独创性的要求。

就专利制度而言，主要包括降低专利制度新颖性、增强创造性、设置来源地披露和事先告知同意制度方面。第一，要降低新颖性要求。基于传统设计自身特点的局限性，应该放宽新颖性这一标准。要设计一种评审标准，以此来解释新专利与传统知识之间的联系与区别，推进法律认定的权威化。要借助行业的力量，加深其对与技术性相关的文化艺术内容的了

---

① Christine Haight Farley. Protecting Folklore ofIndigenous Peoples: Is Intellectual Property the Answer? [J]. Connecticut. Connecticut Law Review, 1997(30): 1.

解，广泛征求意见，求证考察，制定合乎自身特点的科学性标准。① 只要民间文学艺术不以运营为目的公开发布、使用或为公众所知，而只是面向特定地区或群体的公众，社区或群体本身就有保密意识，算是符合新颖性标准。第二，增设来源地披露和事先告知同意制度。传统手工艺者在创作或生产过程中而获取的技术性知识，在申请专利保护时，也应明确早先工艺的最先出处。申请人提供的资料还应包括早先工艺的最先出处群体的认可或同意材料，并且与出处群体达成了利益分享协议。第三，要加强传统工艺创新创造。创造性是指传统手工艺等外观设计与现有的外观设计相比具有一定的进步意义或突出的实质性特点。《欧盟理事会共同体外观设计保护条例》将其视为对市场受众而言有区别于其他的"个性特征"。② 美国《专利法》将其表述为"非显而易见性"。③ 传统手工技艺申请发明专利首先需要解决的问题是其与先行技术的关系，需要对传统工艺推陈出新，使得传统手工艺能够符合现代知识产权制度保护的最低标准，从而使得权利主体通过行使垄断权获得经济回报，进一步刺激他们对于传统工艺的发掘和突破，实现传承和发展的目的。传统工艺并不是一成不变的，与时俱进才能永葆青春。例如，北京的"泥人张"根据美国客户的要求，改变百年来人物服饰的配色，不仅打开了美国的市场，使古老的传统工艺得到了西方世界的认同，更惊异地发现变化后的配色方案有一种意想不到的美感。从印染的模板设计，到蜡染、扎染、锉花、织锦的图案设计乃至织锦的配色方案，只要符合作品的独创性要求就可以寻求著作权法保护，以抵御盗版的侵害。将织锦、印染、扎染等工艺元素应用于工业品的外观，可以获得外观设计专利保护，又如在银饰锻造和加工技术中，银和其他金属的合金配比、熔银工具等都有创新的空间和余地，一旦试验成功，可以及时申请银饰制造方法和银饰产品的专利权保护。

---

① 张西昌. 传统手工艺的知识产权保护研究[D]. 西安：西安美术学院，2013：256.

② 应振芳. 外观设计研究[M]. 北京：知识产权出版社，2008(37)：171.

③ 参见美国《专利法》第 103 条(a)款。

就商标保护制度而言，第一，要确定注册商标申请人。对于有确定的传承人等主体明确的文化项目，可以直接申请商标注册。对于主体不明确的文化项目，可以以群体或者村寨代表人的名义申请注册商标。第二，要赋予传承人以阻止他人注册商标的权利。目前，世界上一些国家正在设计或已经设计了这样的商标注册制度，即排除传统社区之外的人未经有关社区的许可或者可能冒犯有关社区，注册与传统群体相关的民族词语、文字、肖像或其他与公众不同的符号作为商标，即推行防御式保护。① 在美国，联邦专利和商标局建立了一个包含各州和联邦认可的美国原住民部落官方标志的综合性数据库。如果一个标记虚假地暗示与原住民部落或者该部落的信仰有联系，美国专利和商标局就可以拒绝将该标记注册为商标。②

就商业秘密保护制度而言，要合理界定"公共领域"和"私人领域"的知识秘密范围，避免将全部传统工艺纳入公共领域范围。完善现有的民间文学艺术商业秘密保护水平，也需要提高生产企业和传承人的保密意识，让他们认识到保护那些不为人所知的制作流程、技艺诀窍等不仅可以维护自己的经济利益，增强企业的商业竞争力，更高层次的意义还在于保护本家族、本区域、本民族的文化和精神家园。

二、非物质文化遗产保护制度的完善

(一)名录制度的完善

就名录保护制度而言，入选非遗保护的民间文学艺术仅仅是其中的一部分。名录保护制度对民间文学艺术的覆盖范围存在局限性，因此，既要关注名录保护范围内的项目，也要对名录范围外的传统文化项目予以关注。如何保证名录遴选的公平和公正也是名录制度亟待加强的问题。第一，要扩大评审者的参与范围，民族村寨的村民应该占到一定比例。传统

---

① 吴超. 论我国传统手工艺的知识产权保护[D]. 长沙. 湖南大学，2012：27.

② 严永和. 民间文学艺术的知识产权保护论[M]. 北京：法律出版社，2009：269.

村寨是孕育传统文化项目的摇篮，村寨居民对传统文化的发展和保护应当拥有某种程度的参与权或决策权。例如，蒙古族人民应当参与本民族文化遗产项目的申报，土家族人民要自己来认定什么文化是最重要的文化形式。第二，民族宗教和文化旅游部门要为名录评审创造条件，例如跨省区选调评审专家，采取线上线下结合的方式举办评审。对于必须实地考察的，要组织专家实地考察项目的各项情况；不需要实地考察的，可以线上聘请其他省区的专家学者参与评审，从而避免完全由本地区、本区域利益关系者决定是否纳入名录保护体系。第三，要加大对濒危文化项目的遴选和保护力度。从保护文化多样性角度出发，应特别关注濒临存续危险的文化项目类型。对进入名录保护的传统文化项目应避免一刀切式的保护模式，对于不同类别、不同发展阶段的传统文化保护方式应有所差异。

（二）传承人保护制度的完善

就传承人保护制度的完善而言，首先要科学遴选代表性传承人。传承人的认定以非物质文化遗产名录为依据，因为这部分民间文学艺术的价值和影响力得到了广泛认可。一是要量化和细化非遗传承人选拔的标准，对于传承人的德艺、品行、技艺掌握、社会评价等标准进行量化要求，避免因选拔标准过于原则导致出现不公平、不公正等情况。二是要扩大传承人覆盖的范围。目前有代表性的继承人被认定为个人，但这并不能满足实际需要。以中国侗族民歌为例，每次演出都需要 3 人以上一起演出，但国家认定的传承人只有一人，这与非遗的发展规律形成反差。根据非遗项目的具体情况，尽量提高传承人的认定数量，鼓励年轻人去拜师学艺，并且给予物质奖励，这样就会不断扩大非遗传承人的数量，也会进一步推广非遗项目，从而慢慢培养出一批批技艺精湛的非遗传承人。三是认定程序多渠道化。要突破传统的个人申请与他人推荐相结合的认定程序，当地政府部门应该主动寻找和发现非遗传承人，并且协助他们申请，鼓励民众参与非遗传承人的选拔和推荐，充分发挥社会资源，并且做好登记，由专人去调查，最终协助其完成申请。同时，评定对象也应该多元化，不仅包括个人认定，还要包括集体认定，只要是具有非遗文化价值的传承人或传承群体，都可以认定为非遗传承对象。多人申请非遗传承人时，政府应对候选传承人在当地的影响力、群众的意见，以及传承人的资历、身份等因素来确定传承人。

其次，要强化非遗传承人在文化保护传承中的核心作用。发挥非物质文化遗产传承人在乡村振兴和民间文学艺术保护中发挥作用的前提是保障好非遗传承人的生活，解决传承人在住房、医疗等基本生活保障方面的需求。世界上民间文学艺术丰富的一些国家，都采取不同的手段，保护好非遗传承人的生活。对非遗传承人的保障和支持应避免"一刀切"的支持方式。

（三）非遗市场化制度的完善

乡村振兴视角下，传统手工艺等非遗的市场化面临缺少行业标准、规模发展受限等诸多困难，现代化机器设备的应用给传统手工艺的发展带来巨大挑战。民间文学艺术的市场化要直面存在的困境，加强创造性转化和应用，推进民间文学艺术在当代社会的价值重构。

第一，要创新，就得有所参照；要有所参照，就得有固定的标准。2000年，我国手工艺人成功制定出红木材料标准，这是中国最早对传统手工艺的材料知识进行梳理，系统化、科学化后成为中国国家标准。广东省曾陆续发布《广东省岭南民间工艺研究院艺术品服务交易标准》《传统技艺文创品应用标准》，为当地技艺文创品的创作、生产、流通提供统一标准。民间手工艺等民间文学艺术急需建立统一的行业标准，使各种形态、材质、尺寸的工艺品在标准范式下进行运作，使优秀传统工艺得以保护传承和持续发展。

第二，非遗保护部门要深入挖掘民间文学艺术的价值内涵，推进民间文学艺术与旅游产业的深度融合。广大农村拥有丰富的民间文学艺术，有的已经被人们了解和掌握，有的仍存在或隐藏在村寨人的生产和生活中。

例如，在调查中传承人向笔者讲述了关于蜡染技艺产生的故事。① 故事里苗族小女孩是苗寨里劳动群众的代表和化身，在她们身上凝聚着勤劳、勇敢、善良等优秀品格，她们用勤劳的双手和细心的观察创造了丰富灿烂的传统文化。这些文化资源及其背后的故事，反映了劳动群众与自然的依存和延续，体现了社会组织形式和家庭关系，对于提升乡村旅游的深层内涵、人文气息具有重要意义。由于资金、人员和意识方面的缺乏，现有的旅游产业、民族手工艺、创意文化产业都不同程度地存在对其文化内涵挖掘不够的问题。政府部门、旅游从业人员和非遗传承人要注重发掘和展示民间文学艺术，将传统文化内涵充分挖掘出来，开发设计适销对路、富于想象和情感沟通，并具有乡村环境特色的产品，彰显乡村文化的独特魅力。要注重民间文学艺术的应用和融合。传统文化与特色产业的结合不是简单堆砌与强行捏合，深层次的融合才会得到一加一大于二的效果。在产业生产与旅游环境的布置上，要注重装潢设计，力求在保护好当地环境的前提下，结合当地的建筑风格、房屋布局和传统文化，通过适当地摆放蕴含传统文化气息的物品、优化用活室内空间、运用现代装饰艺术、打造文创品牌、运用各种风格的装修设计手法等方式，打造特色服务。结合当地文化推出相应的文旅融合项目，创新发展定制主题活动，提供形式丰富的游客体验活动，增强游客的参与感与获得感，进一步拓展当地居民的经济来源。要充分挖掘文化旅游的巨大价值，利用文化旅游带动当地的经济发

---

① 多年前，苗寨里一位女孩自小生活不幸，父亲在她年纪尚小时不幸去世，母亲因生活劳累也长期卧病在床。女孩不得不担起支撑家庭的重担。她从母亲那里学习到织布的技术，将织出来的布拿到集市里售卖，赚取微薄的收入。一天上午，女孩照常在河边漂洗织好的布，洗好后进行晾晒。这时，一群蜜蜂围着布飞舞，有的还在布上停留。女孩担心蜜蜂的停留之处有污点，于是继续将布漂染，再次晾晒。她惊讶地发现原来污点的位置出现了白点，点缀在布上，像晚上的星空，十分美丽。女孩想到了蜂蜡可以在布上留下痕迹，于是用铜片制成一个蜡刀，在布上绘画，将身边的花花草草绘入其中，在织布上绘出美丽的图案，市集里的人看见如此美丽的织布，震撼不已，纷纷夸赞，很快便将织布抢购一空。女孩可以织出这样美丽的布一下子就在村寨附近传开了，吸引周边的女孩纷纷前来学习，于是便产生了蜡染这项技艺。该故事由蜡染传承人王曜口述。

展。努力打造一村一主题，突出文化价值。以民宿产业为例，要突破民宿单一的住宿与观光功能，可为其提供高价值的文创产品，进一步挖掘传统文化价值，让民宿具有承载歌舞表演等小型娱乐活动的能力，使其功能多样化，创造更大的价值，构建多元的文化旅游盈利模式。在利用传统文化进行文学、艺术再创作时，要充分尊重这些传统文化的真实性，不人为进行篡改，顺其自然，保护好传统文化的核心内涵。

第三，要通过完善非遗制度加大对民间文学艺术的市场化的支持力度。一方面，政府要加大相关扶持资金的投入，积极推动文化旅游、农业、各级财政等多部门参与到民间文学艺术的市场开发项目中。制定奖补政策，统筹规划文化旅游、乡村旅游等涉及旅游方面的财政资金，重视中央、省级财政下拨到地方的专项扶贫资金，为传统文化的市场化建设、优势项目的立项、知名品牌的宣传推广、相关人才的培养提供相应的资金支持；创新设立非遗专项发展基金，由政府为主导，吸引民间资本参与到传统文化产业的建设中来，参与各地的文旅融合项目、民宿产业、传统手工艺品制造业的建设。地方财政部门与银行可以推出相关的信贷支持，为传统文化相关企业提供免息、降税等优惠服务，为传统文化产业的开发提供政策支持。

第四，要推进民间文学艺术的传承转化。民间文学艺术的传承与转化是指民间文学艺术在各个领域实现其功能，包括生活领域增强其实用性，在影视、动漫、戏剧等加强趣味效应。① 随着数字信息技术的发展，民间文学艺术所具有的精神内涵、品格和审美特色日益彰显，创新性传承与转化呈现出日趋丰富和复杂的形态。深度挖掘传统文化的价值，将其转化为经济价值，制造的产品要符合大众的消费观。生活化是最大的市场

---

① 电影《功夫熊猫》《花木兰》等均以中国文化和历史为元素，取得良好票房收益。广州百漫以我国古典文学名著《西游记》中的唐三藏师徒为主角，重新创作故事情节和新角色，推出了漫画作品《西行纪》，全网点击量突破 130 亿次。历史题材动画连续剧《大英雄狄青》讲述了一段发生在我国北宋年间的战争故事，在讲述英雄故事的同时，也带领观众深切感受悠久浓郁的民族文化。

空间，也是传统文化产品创新研发的方向。例如土家服饰的服装、围巾、布鞋等产品可融入千家万户，土家族的传统织锦技艺可以制造具有传统文化特色的床上用品、汽车挂饰、地毯、小玩具等；石雕，木雕等传统手工艺可以承担市政工程，如文化广场、桥梁庙宇的修缮。蜡染技艺融合版画、壁画、国画、油画的相关艺术表现手法，结合大众熟知的佛教，可研发符合大众审美与价值观的新产品，以进一步开拓市场。最后是处理好传统文化产品中工艺品与商品的关系，明确各类产品的定位，充分利用市场调配资源的优势将产品通过市场化体系渠道精准投放到目标受众群体。

（四）"互联网+非遗"制度的完善

"互联网+非遗"制度的完善，需要从政府行政行为转变、传承人思想观念转变、短视频平台加大对民间文学艺术传统的支持力度等方面着手。

第一，要优化政府行政行为，为非遗的网络传播提供充分支持。文化旅游部门、民族工作部门、思想宣传部门要加强组织领导，建立健全领导工作机制，探索建立新媒体视角下各部门开展民间文学艺术传播的协同机制。如借鉴非物质文化遗产保护名录体系的制度经验，引入民间文学艺术+直播认证体系，则可以增强主播的权威性和受众对于主播的信任感。要加强分工协作，组织开展专业培训，帮助传统艺人和传承人在直播平台开通权限、开设直播间，让传统艺人和传承人直接面向公众，形成群体优势和流量规模。要制定民间文学艺术传播规划，聘请直播专家、邀请网络红人参与或助力直播。要完善工作机制，让民间文学艺术传承人运用新媒体开展文化传承有章可循，有法可依。要积极聘用网络技术、新闻宣传等专业技术人才充实队伍，大力培养懂传统文化、懂网络技术、懂新闻宣传的综合性人才，使他们成为新媒体领域开展民间文学艺术传承的中坚力量。要加强指导，在不同直播平台和直播间里实现信息发布、回复公众评论、征求意见、提供在线服务等内容，促进信息传播与服务的有效结合。

第二，要加强教育引导，推动传承人思想观念转变。从可读到可视，从静态到动态，从一维到多维，这是新媒体演进的重要方向，短视频 APP 正在成为主要的新媒体传播形态。网络直播、短视频等形式以其开放性、互动性、体验性、及时性等特征，突破了民间文学艺术的地域性、文化性、族内传播和人际传播的限制，展示了民间文学艺术的历史魅力和现代价值。要加强教育和引导，鼓励更多传承人参与短视频制作和民间文学艺术直播，勇于突破传统观念限制，树立民间文学艺术大传播的观念，通过网络进行社交性、开放性、持续性的传播。

第三，要注重精品内容的打造。传播内容是传播过程中的核心要素，内容的选取是影响直播效果的关键。民间文学艺术丰富、门类齐全，种类多样，要精选直播角度，区分不同民间文学艺术种类，打造精品直播内容。对于银饰锻造、苗绣等传统手工技艺要重点展示其制作手法、锻造过程和制作成品；对于口述故事要结合地区的历史、文化，讲述当地文化的变迁；对于民间音乐、舞蹈等艺术形式要侧重于现场的演绎和表演，展示劳动群众背后的生产和生活方式，在短时间内吸引用户的关注。民间文学艺术的展示要注重结合历史发展渊源、文化积淀，展示主播作为传承人的文化属性。在视频展示和制作中要利用好配乐、滤镜、场景、封面，形成特色鲜明的图画、文字和音乐组合，提升观赏效果。

第四，政府部门要加强与短视频平台互动，引导平台加大对民间文学艺术传播的支持力度。短视频平台用户增长率激增，但也存在重形式、缺内容、内涵建设不足、泛娱乐化倾向明显等实际问题。新形势下，短视频平台要强化责任意识，传播传统文化，弘扬时代正能量。加强对民间文学艺术传播的支持力度正是平台传播传统文化、弘扬时代正能量的重要渠道。抖音、快手等平台应致力于民间文学艺术的传播，主动打造优质内容频道，定期开展民间文学艺术直播的培训和研讨交流。对文化涵养较高、内容制作精良的传承人或作品给与更多"引流"和"置顶"，增强公众的关注度。

第三节　民间文艺产权保护规则的构建

民间文学艺术是各族群众世代积累和创造的精神财富，传统村落的居民作为文化主体对其文化应享有一系列权利。这就要求承认文化主体对其文化享有的权利，包括对其文化表达形式和文化载体享有控制权，这种控制权，包括民间文学艺术产权的控制。从经济学角度看，明晰和确定传统社区对民间文学艺术的财产权利，至少对民间文学艺术资源的保存和维持具有较强的激励作用。如果不把利用民间文学艺术的利益的分享内化为传统部族的权利，民间文学艺术的持有人就没有任何保存民间文学艺术的动机。从生态伦理角度看，实现人与自然之间的公正、当代人之间的公正、当代人与后代人之间的公正是生态法则的要求，其中包括对世界各国在各自生态观指导下对文化资源提供公平的产权保护。

确认村寨居民、传承人对民间文学艺术享有的"产权"，有助于提高其保护权利的积极性。这种权利主要表现为对文化表达形式和文化载体的控制权，可以对民间文学艺术的存续与发展产生正向的激励作用。以产权激励发展，以发展促进生存，培育民间文学艺术自身"造血"功能，促进和实现民间文学艺术的自主良性发展。

一、民间文艺产权保护条件

产权保护理论共分为"三代"。就财产法而言，以有体物（有形物）为客体的第一代财产权理论、制度与话语，由古代罗马创始，法国民法典、德国民法典、瑞士民法典、日本民法典等加以发展与巩固，从而定型；以无体物（无形财产、知识产权）为客体的第二代财产权理论、制度与话语，由英国创始，美、法、德、瑞士等欧美国家加以发展，通过《保护工业产权巴黎公约》《保护文学和艺术作品伯尔尼公约》《与贸易有关的知识产权协定》等国际条约而巩固与定型。前两代财产权法律话语体系均由欧美国家创设与发展，体现了西方文化与西方文明。当下正处于第三代财产权理论、制度与话语创设的关键时期。① 产权规则的构建与国际社会或主权国家的财产法律制度密切相关。

民间文学艺术的产权保护条件，也可以理解为民间文艺产权保护的标准，是指民间文学艺术作品在符合什么样要求的情况下，权利人才能获得知识产权法律上的产权保护。

民间文学艺术与现代社会的文学作品在创作背景、保护机理等方面既有一定的相似性，又存在一定的差别。民间文学艺术产权保护在实质层面的要求，一方面要吸收现代著作权法的规则和精神要义，另一方面也要反映传统部族、社区传统文化保护的个性需求。在民间文学艺术保护领域，国际层面上，1967 年《保护文学和艺术作品伯尔尼公约》、1996 年《世界知识产权组织表演与录音制品条约》以及 1982 年《保护民间文学艺术表达形式，防止不当利用及其他侵害行为的国内法示范条款》等国际"软法"均涉及对民间文学艺术的产权保护。

如前文所述，1967 年《伯尔尼公约》是国际社会最早对民间文学艺术产权保护进行探索的国际公约，其规定对"未出版作品"，或者称"文学艺术作品""匿名作品""身份不明的作品"提供保护，隐含了独创性等著作权法上作品构成要件的保护条件。1976 年，旨在服务发展中国家的《突尼斯版权示范法》将民族民间文学作品纳入保护范围，这里的民族民间文学作品指的就是民间文学艺术。《突尼斯版权示范法》对相关概念的界定，如由国民或传统社区、部族创作，在传统部族内部代代相传，属于国家或部族财产的重要文化遗产组成部分等包含了对民间文学艺术产权保护的条件。1982 年，《保护民间文学艺术表达形式，防止不当利用及其他侵害行为的国内法示范条款》也涵盖了民间文学艺术产权保护的条件，如"由某国特定

---

① 第三代财产权理论是一种新型财产权理论，其对第一代、第二代财产权理论的突破主要表现为：第一，对产权主体，普遍性引入集体权利主体概念，将其作为传统资源产权主体的主要部分，具有某种"社会主义"性质；第二，对授权条件，提出价值与商业价值说，即具有文化价值或者商业价值，就可以享有某种产权；第三，对产权内容，提出"公权+私权"的复合产权结构："公权"的产权，是指中华优秀传统文化从政府获得物质帮助的权利，"私权"的产权，是指传统资源从市场获得经济收益的产权。

社区或个人创作、发展与维持"，"包含反映有关社区传统艺术期待的艺术遗产要素"。国内立法方面，尼日尔第 93-027 号《关于民俗的版权、相关权利和表现形式法令》第 54 条将"民俗"定义为民族聚居在民族领土内创造的、代代相传，构成民族传统文化遗产基本要素之一的任何作品。将"民俗表现形式"定义为由社区或个人开发和维护，由传统艺术遗产的特征元素组成的，反映该社区的传统艺术期望的任何作品。这里的概念界定也暗含了民间文学艺术产权保护的条件。肯尼亚《传统知识与文化表达保护法》第十四条就传统文化的保护标准进行了界定：本法对文化表现形式的保护，应涉及以下任何形式或方式的文化表现形式：第一，创造性和累积性智力活动的产物，包括集体创造力或个人身份未知的个人创造力。第二，社区的文化特征和文化遗产，并由该社区按照该社区的习惯法和惯例加以维护、使用或开发。第三，为经济、仪式、叙事、装饰性或娱乐性目的而在社区内从一代人产生、保存和传递给另一代人。第四，民间文学艺术是由个人或集体创造产生。第五，民间文学艺术与某个社区有明显联系或属于该社区。非洲地区知识产权组织的《斯瓦科普蒙德议定书》、赞比亚《传统知识、遗传资源和民间文学艺术表达形式保护法》等也都设置了关于民间文学艺术产权保护标准的规定。

具体而言，民间文学艺术的产权保护条件包括实质与程序两个层面。

（一）实质层面

对民间文学艺术保护最主要的知识产权制度是著作权法，因此，应按照著作权法所确立的条件或标准，结合乡村发展和民间文学艺术的实际，构建民间文学艺术产权保护的实质标准。《保护民间文学艺术表达形式，防止不当利用及其他侵害行为的国内法示范条款》归纳的特点基本上沿袭了上述三个方面：一是经世代口传心授；二是具有群体性，不属于任何个人或几个人；三是在本社区内持续使用和发展。这也成为后来学界公认的民间文学艺术具备的几大特征。民间文学艺术具有口头特征、群体性特征、世代相传等特点。知识产权法律制度中法定的实质条件包括了客体的合法性、内容的独创性等方面要求。一般来说，实质保护条件主要包含以下几个层面特征。

第一，客体的合法性。知识产权制度的客体是指知识产权制度保护的对象，也是知识产权主体的权利和义务所共同指向的对象。合法性是指基于著作权法保护的智力文化成果必须符合国家法律规范、社会公共利益，不得侵犯他人合法权益。例如，英国、哥伦比亚等国家判例或立法禁止黄色、不道德作品、违反社会公共秩序作品获得版权法保护。① 当下，民间文学艺术成果作为传统部族和社区创造的智力文化成果，将其纳入知识产权保护范围已被国际社会广泛接受。乡村振兴视角下，民间文学艺术创作获得产权保护的首要条件就是艺术作品需要符合国家法律规范、社会公共利益，不得侵犯他人合法权益。

第二，内容的独创性和传统性。获得产权保护的民间文学艺术是"传统"和"现代"的结合。坚守住传统使其保持了相应的历史文化元素，追求创新，更使得艺术形式契合了现代产权制度保护的要求。

知识产权制度的本质之一就是鼓励创造、激励创新，推进文化领域推陈出新。只有具备独创性的作品才能受到知识产权制度的保护。从民间文学艺术的重要性来看，这些艺术承载着特定族群甚至一个国家的情感寄托，我们应当对民间文学艺术有一定的要求，从而保证民间文学艺术具有一定的艺术性和审美意义。另外，我们也应加强传统工艺创新，使其符合知识产权保护条件。传统工艺并不是一成不变的，与时俱进才能永葆青春。② 世界各国均将独创性标准纳入著作权保护作品的先决条件。如，英国确定了"投入技

①　赵海燕. 我国著作权法取消作品合法性要件探析［J］. 陕西行政学院学报，2017(23)：97.

②　例如，北京的"泥人张"根据美国客户的要求改变百年来人物服饰的配色，不仅打开了美国的市场，使古老的传统工艺得到了西方世界的认同，变化后的配色方案还有一种意想不到的美感。更重要的是，在传承基础上不断推陈出新的民族手工艺能够符合现代知识产权制度保护的最低标准，从而使得权利主体通过行使垄断权获得经济回报，进一步刺激他们对于传统工艺的发掘和突破，实现传承和发展的目的。创新的途径是多种多样的，从印染的模板设计，到蜡染、扎染、锉花、织锦的图案设计乃至织锦的配色方案，只要符合作品的独创性要求就可以寻求著作权法保护，以抵御盗版的侵害。

巧、劳动或判断"的著作权独创性标准。法国在司法实践中将独创性理解为"反映作者个性""作者个性的烙印"。美国在司法中逐渐采用以投入的劳动多少作为判断独创性的标准，如著名的"额头出汗"标准(sweat of the brow)。① 有学者认为，《保护工业产权巴黎公约》和《保护文学和艺术作品伯尔尼公约》要求保护的作品必须是创新作品和创造性作品。在我国，民间文学艺术的发展都经历了漫长的发展与传承过程，现存的民间文学艺术，大致可以划分为"最早"、"中间(一个或若干个)"、"最近"三个版本。最早版本、若干中间版本、最近版本在技术特征、艺术特征等方面具有不同的属性和品质。② 乡村振兴视角下，民间文学艺术的独创性标准要求艺术本身是原住民、传统部族根据本民族生产、生活方式而创造的艺术类型。民间文学艺术产权保护的独创性标准要求"最近版本"比"若干中间版本"的艺术水准具有最低程度的创新。

所谓"传统性"是指民间文学艺术资源的获得或使用方式源于过去，并与特定部族或传统社群的生活紧密联系在一起。民间文学艺术传承者承袭特定生活方式而保持着代代相传的共同特色。以印度为例，这里有丰富的民族音乐，从语言、特定的表达方式、主题、乐器的使用和音乐风格中衍生出独有的特征。民歌的特殊性来自其地域的特殊性。在一个地理位置内的特定民族有他们自己的方言、语调和音乐风格。③ 民间文学艺术的传统性特征在传统手工技艺传承方面尤其明显。现存的民间文学艺术类型在时间上具有连续性。不同版本的民间文学艺术在主题思想、艺术形式、表现手法上呈现出一定的连续性，虽历经不同时代的流转、发展有所改变，但一些反映特定群体固有和独特之处的部分被保留。这种传统性成为民间文

---

① 姜颖. 作品独创性判定标准的比较研究[J]. 知识产权，2004(3)：71.

② 严永和，高俊山. 南方少数民族传统手工艺资源体系与知识产权法体系：耦合与调适[J]. 中南民族大学学报，2017(5)：171.

③ Ruchira Goswami, Karubakee Nandi. Naming the unnamed: intellectual property rights of women artists from India[J]. American University Journal of Gender, Social Policy & the Law, 2008(16)：257.

学艺术区别于现代文化艺术的另一个特点。

第三，主体的群体性。民间文学艺术的群体性特征是由其权利主体的"群体性"所决定的，它是指传统知识所有者或持有者，通常是土著人民或传统社群，而不是某一特定的个人。传统民俗学理论认为，民间文学艺术是群体智慧的结晶。在民间文学艺术形成的过程中，无数个体的参与、个体智力创作被群体认同和吸收，世代相传，成就无数璀璨的传统文化成果，最终分辨不出个体的个性，而表现出群体的共性，故民间文学艺术以"集体性"为其基本特征。①《保护民间创作的建议案》和1967年《班吉协定》都将民间文学艺术的创作主体表述为社群和团体等集体组织。肯尼亚《传统知识与文化表达保护法》将社区定义为具有共同血统、类似的文化或独特的谋生方式或语言、地理空间、生态空间、利益共同体等同质且有意识的独特人群。②

民间文学艺术是传统村寨、社区居民、种族群落在长期的生产生活中创作、代代传承并构成其传统文化遗产组成部分的全部文学艺术和科学作品，一般而言是一个族群的共有物，而族群是动态演变的，很难将其特定化。一个人可能确实创造了一部特定的民间文学作品，但它最终会被整个社会所获得和使用，随着时间的推移，它会逐渐失去它的个人主义特质。民俗的各个方面，可能最初是个人的产品，被民间采取，经过一个再创造的过程，通过不断的变化和重复，成为集体的产物。因此，要找出一部民间文学作品的第一个创作者将是一项艰巨的任务。

第四，内容的地域性和民族性。民间文学艺术是人类宝贵的精神财富和文化遗产，是我国悠久历史和文化的缩影与载体，是彰显民族个性的重要特征。民间文学艺术萌生于蒙昧的原始文化，以口传心授的特别方式产生和流传于漫长的农耕文化社会环境之中，原本是一种典型的地域文化生活和民俗方式，具有强烈的地域和民族特色。

---

①　张耕. 民间文学艺术的知识产权保护研究［M］. 北京：法律出版社，2007：16.

②　参见肯尼亚《传统知识与文化表达保护法》第 2 条。

民间文学艺术的产生要扎根于一个地方的历史，与特定社会生活环境结合，融入地方民众生活中，并体现特定区域的文化特质和价值。只有在特定的生活环境下，民间文学艺术才能产生不同地域的鲜明特色，民间文学艺术也只能在一定的自然环境、人文环境下传承发展。不同的民间文学艺术也是我们了解传统村落及其地域环境的窗口。不同的地域风格培育了不同村寨相同或类似的审美情趣、生活方式，不同的文化底蕴被宣泄于艺术创造之中，形成了民间文学艺术的地域性。不同区域的语言和地方民俗，反映不同的生产生活环境。例如，以歌唱语言为载体的民间文学艺术，在声调韵味和歌唱方式上显露出地方的差异性，各地民歌曲调的音乐形态特征亦不尽相同。可见，民间文学艺术体现了特定群体的文化背景，如果脱离其产生的地域和环境可能就失去了原有的价值。由于不同区域村落的历史背景、生存的地理环境、生活习俗和文化类型的不同，民间文学艺术往往标记、印刻着鲜明的地区烙印，地域性标准成为民间文艺产权保护条件的实质条件之一。

民间文学艺术的形成经历了漫长的历史，是各族群众在适应生存环境的过程中所形成的产物。乡村文化具有黏合一定乡村地域内的社会成员的功能，使得他们在地缘基础上形成一定的历史文化认同感。一些艺术作品不仅展示了当时的历史事件，还反映了人们的生活和生产状态等方方面面。例如，广西壮族自治区河池市宜州区是传说中刘三姐的故乡，刘三姐的乡亲们不仅唱世代相传的歌谣，而且能唱身边之人之事、唱社会变迁与世代特色，从而唱出新社会的风物人情。① 这些民间文学艺术的形成依赖于其生存的土地，是他们生产生活和文化创造的源泉。② 这些民间文学艺术的形成离不开劳动人民的分析和观察，包含了对自然环境、劳动内容的深刻思考，反映了他们的思想、感情和民族的理想、愿望。民间文学艺术

---

① 谭东丽. 少数民族非物质文化遗产的法律保护研究[M]. 长春：吉林大学出版社，2018：33.

② 柏贵喜. 土家族传统知识的现代利用与保护研究[M]. 北京：中国社会科学出版社，2015：90.

总是表现出各自独特的风采，有着自己独特的个性，民族性标准也是民间文艺产权保护条件的实质条件。

（二）程序层面

国际社会对于著作权保护实行自动保护制度，即不需要履行任何登记手续或程序即可以享有著作权。民间文学艺术产权保护的登记性程序要求与民间文学艺术数据库的建立密切相关。随着信息产业技术的不断发展，互联网、数据库成为传统知识传承与保护的新途径。以信息与通信技术为核心的信息化对包括中国在内的全球各国的经济、社会与文化生活正产生着复杂而深刻的影响，而信息化的基础和"心脏"是网络化、动态化的数据库。① 学术界对传统知识进行备案、创建数据库已经很长时间了，一些传统知识拥有人自 20 世纪 80 年代中期也开始从事这项工作。WIPO 建议将传统文化资源的电子文档作为确保土著社区知识产权保护的一项战略。近年来，印度、秘鲁等诸多发展中国家通过建设传统知识数据库实现了对其境内传统知识的消极保护。巴西的非物质文化遗产登记处作为一个数据库，其中存储并向公众提供非物质文化遗产的所有元素，同时承认与文化项目相关的集体和个人权利。通过建立数据库，可以把处于不同区域、种族、不同生活习惯和生产方式下的传统文化资源汇聚起来，运用国际通用或便于识别的标准，将层次多样、形式多元的传统知识加以梳理和整合，使其文献化，按照国际通用传统知识分类方式加以分门别类，使传统知识符合现代文献检索特征与现代知识产权框架。访问使用者可以通过公用数据库，查询了解传统知识的基础信息，从而便利其开发与利用。与常规记录、编撰传统知识方式相比，数据库因具有特定的编排体例、顺序、程序和规则而提高了传统知识记录、编撰速度和效率，也提升了传统知识被保护的可能性。②

---

① 许春明. 数据库的知识产权保护[M]. 北京：法律出版社，2006：4.

② 李一丁. 印度传统知识数据库治理体系动态及启示[J]. 知识产权，2020（3）：91.

理论界和学术界关于民间文学艺术产权保护是否需要建立数据库、履行登记等程序性要求，存在肯定说和否定说两种截然相反的观点。

肯定说认为，民间文学艺术的知识产权保护需要履行登记手续，应建立登记与初步审查机制。未经注册登记的民间文学艺术、非物质文化遗产不得享有著作权。①②③ WIPO建议将民间文学艺术的电子文档作为确保土著社区知识产权保护的一项战略。近年来，印度、秘鲁等诸多发展中国家通过建设传统知识数据库实现了对其境内传统知识的消极保护。21世纪后，为包括传统手工艺在内的非物质文化遗产资源建立数据库，呼声已越来越高。

否定说持完全相反的观点，认为民间文学艺术无须登记或审查，即可获得知识产权保护。有的学者支持否定论，他们认为，我国非物质文化遗产总体数量异常庞大，民间文学艺术的权利主体又有明显的群体性特征。有的学者认为，民间文学艺术依据我国法律，自创作完成时即可获得专有权利保护，并不需要履行任何手续。④⑤ 还有学者出于以下考虑：首先，民间文学艺术基于著作权法自动获得保护是一项广为认可的国际惯例；其次，传统社区、部族和原住民的民间文学艺术权利保护可以源于"人权"保护和文化多样性的需要。从法律价值的位阶考虑，人权高于知识产权，而文化多样性的法律保护是一种比一般的知识产权更高的公共利益。⑥ 国际

---

①　李秀娜. 非物质文化遗产的知识产权保护[M]. 北京：法律出版社，2010：84-85.

②　杨鸿. 民间文艺的特别知识产权保护国际立法例及其启示[M]. 北京：法律出版社，2011：372-373.

③　邓社民. 民间文学艺术法律保护基本问题研究[M]. 北京：中国社会科学出版社，2015：246.

④　黄玉烨. 民间文学艺术的知识产权保护研究[M]. 北京：知识产权出版社，2008：236.

⑤　李墨丝. 非物质文化遗产保护国际法制研究[M]. 北京：法律出版社，2010：308.

⑥　严永和. 民间文学艺术知识产权特别权利保护制度的构建[M]. 中国社会科学出版社，2020：171-172.

社会层面，2010 年非洲地区知识产权组织通过的《斯瓦科普蒙德议定书》规定：传统知识的保护不受任何手续或程序限制。① 2016 年肯尼亚《传统知识与文化表达保护法》规定传统知识授权保护无须任何程序性要求。② 2019年 WIPO-IGC《保护传统文化表现形式：条款草案》第 11 条也提供了肯定说和否定说两种方案。方案一提出，成员国或缔约方不应当让传统知识的保护履行任何手续。方案二提出，成员国或缔约方可以对传统知识保护要求办理某些手续。

我国民间文学艺术历史悠久、种类繁多，如实行自动保护并不利于民间文学艺术价值的实现，不利于民间文学艺术的繁荣和发展。如实行登记注册制度，则需要民间文学艺术传承人向主管部门递交申请、准备资料、缴纳费用，传统村落的文艺传承人大都生活在闭塞的环境中，完成登记和注册等加重了传承人的负担，存在一定困难。因此，应由文化保护部门建立和完善我国民间文学艺术数据库，由主管部门进行数据登记。通过建立数据库，帮助民间文学艺术传承人实现知识产权利益的消极保护。

二、民间文艺权利内容与产权限制

（一）权利内容

权利是法律对权利人实现其利益的一种确认，是法律赋予权利主体可以作为、作为的内容的确认及保障。权利内容的相关制度涉及法律制度对权利主体的利益平衡与分配。知识产权的私权属性首先表现为对权利人经济利益的确认，通过确认权利人的经济收益，激励知识产品的创造者不断推陈出新。此外，民间文学艺术通常是人类的知识和智慧的产物，是一种精神层面的劳动。知识产权的私权属性还表现为对权利人精神权利的确认，让创作者们加大投入提高产品的技术和水准。知识产权的二元结构属

---

① 参见《斯瓦科普蒙德议定书》第五条规定。
② 参见肯尼亚《传统知识与文化表达保护法》第 7 条的规定。

性在当代世界已经受主要国际公约和各国立法的普遍承认。知识产权视角下，民间文学艺术的产权保护权利内容可以区分为精神权利和经济权利。前者主要包括发表权、署名权或者表明来源权、保护完整权；经济权利则应根据保密状态的不同而授予有所差异的内容。

1. 精神权利

知识产权精神权利制度是建立在"人格价值观"基础之上形成的。精神权利是民间文学艺术的核心权利之一，同时也是民间文学艺术知识产权保护的核心问题。① 从渊源来看主要是 19 世纪时德国吸收了当时盛行的先验唯心主义"把巨大的强力和力量归于人的智力"的思潮，从人格的角度思索知识产权，特别是著作权的结果。② 民间文学艺术的精神权利可以设置为：署名权、控制披露的权利、保护民间文学艺术完整权、不受歪曲篡改贬损的权利。

第一，署名权。民间文学艺术作为一种独特的知识体系和艺术体系，是传统文化社区创作与传承的文学艺术成果。民间文学艺术的传承者通常没有主动注明文化来源。现实生活中，某些使用造成文化冒犯，或者传统知识的使用损害了其真实性或完整性。故而，这种文学艺术成果也需要表明其创作者身份。民间文学艺术也存在着署名权，权利主体对其民间文学艺术享有署名权。有的民间文学艺术，经过长期传承与传播，难以识别具体的、原始的作者，其权利主体表现为一个或者多个传统文化社区。这种民间文学艺术的署名权，就转化为标明来源权或者标明出处权。③ 以尼日利亚法律规范为例，民间文学艺术未经授权可用于私人或教育目的，也可以用于其他原著中来阐释自己观点。凡涉及民俗的，无论是在印刷出版物

① 杨鸿. 民间文艺的特别知识产权保护——国际立法例及其启示[M]. 北京：法律出版社，2011：338.

② [美]博登海默. 法理学——法哲学及其方法[M]. 邓正来，姬敬武，译. 北京：华夏出版社，1987：69.

③ 严永和. 民间文学艺术知识产权特别权利保护制度的构建[M]. 北京：中国社会科学出版社，2020：206.

155

中还是在与公众的交流中，法律都要求通过引用民俗的起源所在的社区或地方来确定民俗的来源。① 尼日尔第 93-027 号《关于民俗的版权、相关权利和表现形式法令》规定，在所有印刷刊物中，以及任何与公众的交流有关的任何可识别的民俗表现形式中，其来源须以适当方式注明，并提及所使用的表现形式所来自的社区或地理位置。② 民间文学艺术署名权，可以理解为标明来源权，标明该民间文学艺术来源于哪一民族、哪一地理区域。

　　第二，控制披露的权利。控制披露的权利，即民间文学艺术权利主体有权决定民间文学艺术的内容是否公开的权利。由于可公开获取的民间文学艺术已处于公开状态，故而仅保密状态和半公开状态的民间文学艺术享有此项精神权利。民间文学艺术的权利主体有权决定是否披露文化资源创作的时间、地点、内容以及各类技术信息。对民间文学艺术而言，发表权或者公开权、披露权，也是其实现经济价值的不二途径，是其取得财产利益的前提和基础。公布后的民间文学艺术即可为社会公众所知悉，权利人才能行使经济权利中所包括的"事先许可权"和"获得报酬求偿权"。因此控制披露的权利可以使民间文学艺术权利人基于其创作的知识产品产生经济利益，构成精神权利和经济权利之间的纽带。

　　第三，保护民间文学艺术完整权。有的学者称这项权利为独占权，类似于知识产权形式的权利，当第三人对传统知识实施特定的使用行为时所采取的法律行为。③ 也有学者称其为保护传统知识不受歪曲、篡改和贬损的权利。④ 外部公司或者个人在使用民间文学艺术时，通常不会考虑其传

---

　　① Paul Kuruk. Protecting folklore under modern intellectual property regimes: A reappraisal of the tensions between individual and communal rights in Africa and the United States[J]. The American University law review, 1999(5): 151.

　　② 参见尼日尔第 93-027 号《关于民俗的版权、相关权利和表现形式法令》第 59 条。

　　③ Silke von Lewinski. 原住民遗产与知识产权: 遗传资源、传统知识和民间文学艺术[M]. 廖冰冰, 译. 北京: 中国民主法制出版社, 2011: 136.

　　④ 古祖雪. TRIPS 框架下保护传统知识的制度建构[J]. 法学研究, 2010(1): 79.

统背景，甚至为了迎合市场需要还会对有关民间文学艺术的内容或者形式进行更改，如曲解、窜改、肢解、贬损等，从而破坏民间文学艺术的真实性，损害原住民、当地社区或者其他传统文化社区的思想感情、宗教信仰与风俗习惯。①

第四，不受歪曲篡改贬损的权利。不受歪曲篡改贬损的权利，即不得虚假、冒用民间文学艺术，避免民间文学艺术的名誉受损。在民间文学艺术的商业化开发或者非物质文化遗产市场化过程中，经常会发生民间文学艺术发生歪曲或者贬损性使用。例如，将同一民族的服饰元素随意篡改，造成款式混乱；将不同民族的服饰元素任意组合，造成张冠李戴。民宿旅游在打造民族建筑方面，也存在规划设计不合理、民族文化融合不足等问题。在一些民族村寨，部分建设规划未能有效吸收民族文化精髓，而是通过在现代建筑外墙添加装饰、复制民族风情街区等方式，刻意体现传统文化元素以达到商业包装目的，影响文化景观美感，背离传统文化传承保护初衷。这些行为也造成对民间文学艺术的侵权，损害民间文学艺术的内在价值。保护民间文学艺术不受歪曲篡改贬损的权利也是其精神权利保护中的重要权利内容。

2. 经济权利

在民间文学艺术知识产权保护的立法探索过程中，国际社会已经普遍认为应赋予传统知识持有者以广泛的经济权利。WIPO 在早期文本中就强调赋予传统知识持有人或保管人维护其与传统知识相关的利益并使用传统知识的权利，以此作为文化与经济可持续发展基础的必要性。1976 年《突尼斯版权示范法》第六条规定民间文学艺术享有其第四条规定的经济权利，如复制权、翻译权、改编权、汇编权、公开表演权或者公开广播权等。1982 年《示范法》第三条规定，对以盈利为目的的出版、复制民间文学艺术或者发行民间文学艺术复制本、公开吟诵或者表演、通过有线或者无线方

----

① 严永和. 民间文学艺术知识产权特别权利保护制度的构建[M]. 北京：中国社会科学出版社，2020：214.

式或者其他方式向公众提供民间文学艺术，均需获得授权。可见，该法对民间文学艺术授予了出版权、复制权、发行权、表演权、传播权等经济权利。《菲律宾法》对民间文学艺术规定了三个方面的权利内容：一是传统知识持有人有实践和复兴文化传统和习惯的权利；二是未经其事先同意使用或违反习惯法的方式使用要求当事人返还的权利；三是控制、发展和保护其科学技术和文化表达形式的专门措施权利。① 国际社会立法对传统文化持有者以广泛的经济权利予以确认，但也存在立法局限，如权利内容过于宽泛，内容略显模糊，对民间文学艺术类型未加区分等。②

民间文学艺术经济权利制度构建应根据保密状态的不同而授予有所差异的内容。民间文学艺术根据其保密状态可以分为完全保密、半公开和完全公开的民间文学艺术。处于完全保密状态和半公开的民间文学艺术应该享有现行知识产权制度下所应享有的广泛经济权利，包括复制权、翻译权、改编权、汇编权、公开表演权或者公开广播权等。对于已经完全公开的民间文学艺术，则不能明确享有上述经济权利。对于已经完全公开的民间文学艺术可以通过"公有领域付费使用"制度获得一定的经济补偿。

公有领域付费使用制度是指通过国家立法，要求对某些已过保护期或先前未受保护的作品进行商业利用时所征收的费用。在立法层面，1976 年的《突尼斯版权示范法》率先在这一领域引入此制度，要求对民间文艺的使用需按比例向政府缴纳费用，以利于民间文艺的保护。非洲知识产权组织于 1997 年、1999 年出台的《班吉协议》及之后的修订版要求民间文艺的使用者向民间文艺的集体管理机构支付一定的使用费。③ 罗马尼亚通过对包含民间文学艺术的商品征收印花税的形式，变相收取费用，用于传统文化

---

① Silke von Lewinski. 原住民遗产与知识产权：遗传资源、传统知识和民间文学艺术[M]. 廖冰冰，译. 北京：中国民主法制出版社，2011：136.

② 例如，2010 年非洲地区工业产权组织《斯瓦科普蒙德议定书》第 19 条第 1 款对民间文学艺术提供"不受任何盗用、滥用和非法利用行为侵害"的保护。这种禁止盗用、滥用和非法利用权，其内容涵盖了广泛的经济权利，但是过于模糊。

③ 严永和. 民间文学艺术的知识产权保护论[M]. 北京：法律出版社，2009：97.

行业的发展。有学者认为："理论上讲，公有领域的作品是人人可得并可加以利用的。然而事实上，能够大量利用这些作品并获得丰厚利益的，只会是那些出版商、录音制品制作者和广播组织者等。因此，让他们从所获利润中拿出一部分来支持社会公有领域中的文化事业，也是合情合理的。"①可见，对于完全公开的民间文学艺术可以通过"公有领域付费使用"获得经济收益，也就是说完全公开的民间文学艺术使用者应当向指定的民间文学艺术保护基金或者有关基金组织缴纳一定的使用费。②

"公有领域付费使用"视角下，民间文学艺术权利人的经济权利涉及事先知情同意权和公平利益分享权。

第一，事先知情同意权。事先知情同意权原是来自对遗传物质的有关规定。由于遗传资源与某些传统知识关系紧密，这一原则也在一些国家的法律中被用于对传统知识的获取和使用。1992 年的《生物多样性公约》将事先知情同意制度引入遗传资源与相关传统知识的保护之中，为传统社区包括民间文艺等资源的开发利用提供了制度借鉴。③《生物多样性公约》在"与生物多样性的保护和持续利用"为前提条件确立的传统知识保护机制，包括事先知情同意、惠益分享等几个重要原则和制度。从 1992 年的《生物多样性公约》到 2001 年《波恩准则》，最后到 2010 年的《名古屋议定书》，民间文艺等传统知识议题在生物多样性公约中的地位不断上升，一方面反映出传统知识对于生物多样性保护和可持续利用的作用得到越来越强的重视，另一方面也说明发展中国家在生物多样性公约的框架下，为土著和地

---

①　李明德. TRIPS 协议与《生物多样性公约》、传统知识和民间文学的关系[J]. 贵州师范大学学报(社会科学版)，2005(1)：59.

②　严永和. 民间文学艺术知识产权特别权利保护制度的构建[M]. 中国社会科学出版社，2020：235-243.

③　注：事先知情同意制度体现在《生物多样性公约》第十五条的规定：确认各国对其自然资源拥有的主权权利，因而可否取得遗传资源的决定权属于国家政府，并依照国家法律行使；遗传资源的取得须经提供这种资源的缔约国事先知情同意，除非该缔约国另有决定。每一缔约国使用其他缔约国提供的遗传资源从事开发和进行科学研究时，应力求这些缔约国的充分参与，并于可能时在这些缔约国境内进行。

方社区争取惠益分享权利所做出的努力。

在 WIPO 的讨论中，许多人认为对受保护客体的使用应当让当事者事先知情同意，对于神圣和秘密材料尤为如此。但另一些人担心对传统文化授予排他控制权可能扼杀创新，缩小公有领域，且在实践中也难以落实。许多法律体系中都有各种利益间公平平衡的概念，这在知识产权法中通常表述为权利人和一般公众利益的平衡，本项权利使得传统知识持有人合理分享使用所获得的利益。喀麦隆法律规定对民俗进行任何商业利用之前，用户必须征得国家版权公司的许可，该公司的成立是为了代表创作者的利益并规范喀麦隆民俗的使用。在中非共和国，用户必须通过中非版权局的授权才能对民俗进行商业开发。未经事先授权，利用民间文学作品是刑事犯罪。塞内加尔的版权法与中非共和国的版权法非常相似，因为它需要版权局事先授权才能使用民俗知识，并向民俗使用者收取费用。在马里，民俗也被认为是该国遗产的一部分。除公共实体外，所有试图利用民俗牟利的人必须事先获得艺术和文化部的授权，同时后者可对这种使用收取费用。① 事先知情同意制度在一定程度上维护了传统部族的权益，但却遭到了以美国为首的发达国家或明或暗的反对。②

第二，公平利益分享权。民间文学艺术具有使用价值和商业化利用价值。因此，在利用过程中可能会产生补偿性支付或其他非货币性利益。民间文学艺术的经济利益涵盖了商业化或工业化的使用行为，也体现在传统知识的传播行为中，但是与非物质财产权是两个不同的概念，非物质财产权的不可自由转让性在传统知识的经济权利中不能体现。为此，我们可参照一些知识产权制度中获得公正报酬的权利，并根据"补偿责任"理论以及公正分享利益原则，对他人利用其知识取得的利益，尤其是这种使用产生

---

① Paul Kuruk. Protecting folklore under modern intellectual property regimes: a reappraisal of the tensions between individual and communal rights in Africa and the United States[J]. The American University law review, 1999(5): 121.

② 成功，王程，薛达元. 国际政府间组织对传统知识议题的态度以及中国的对策建议[J]. 生物多样性，2012(4): 91.

金钱或商业收益时，传统知识持有人应当有权取得公正的份额。在美国，相关机构邀请土著艺术家参与艺术节表演，需要按总票房收入的百分比为表演者支付报酬，一般在活动后支付，但在某些情况下需要预付。在澳大利亚，表演者权利协会承认其成员拥有传统音乐编排的版权。澳大利亚的分配规则允许艺术家获得大约50%的分成。但是，领土内的分配规则可以加以调整。对民间文学艺术进行商业或工业使用，凡具有盈利目的，并能为使用者带来技术或商业优势，而且根据使用者获得传统知识的具体情况，应给予传统知识持有人以公正、公平补偿的，应给予合理、适当的补偿，使该民间文学艺术的持有人受益。

（二）产权限制

乡村振兴视角下，对民间文学艺术授予产权保护是一种可行的保障手段，但也需要对这种产权进行限制和解释，尤其应在保护和促进中确保此类知识之间保持平衡。民间文艺产权限制是权利人享有专有权效力的除外情况。在传统部族，土著人最关心的是艺术作品的用途是教育，还是商业利润。土著群体本身已经默许在某些博物馆展出他们的艺术品，以便教育公众了解他们文化的丰富程度。① 民间文学艺术在很大程度上处于公共领域，因此，需要对其权利体系进行权利限制的制度设计。即一方面要促进民间文学艺术在部族、社区内部的可持续性发展；另一方面要在社区外部防止外部势力的歪曲、滥用或其他损害行为的发生。我国学者针对传统知识或民间文学艺术的产权保护进行了广泛的讨论。有学者认为，对传统知识的限制主要表现在社区内部成员可以依据习惯法进行使用和传播，对外部主体的个人合理使用、教学使用和科研使用等非商业化使用不予干涉。② 有学者从不构成侵权的角度来谈论"传统社区的习惯使用、评论教育研究

① Christine Haight Farley. Protecting Folklore of Indigenous Peoples：Is Intellectual Property the Answer？［J］. Connecticut. Connecticut Law Review，1997(30)：1.

② 丁丽瑛. 传统知识保护的权力设计与制度建构［M］. 北京：法律出版社，2009：334.

使用、个人或家庭的使用、在传统知识的基础上进行的创作不受权利保护的限制"。① 还有学者认为合理利用是对权利的限制，包括两种情形：一是传统知识持有者按照其传统习惯对传统知识进行使用，二是第三方对传统知识的非商业性合理利用。② 民间文学艺术产权保护的限制主要包括以下内容：

1. 合理使用

合理使用制度是现代著作权保护制度的重要内容，主要是对著作权的形式进行限制，促进公共利益的平衡。所谓合理使用是指在未经权利人许可的情况下，他人无偿使用其作品的行为。合理使用，主要有传统性使用、个人使用、公益性使用、评论性使用等。建立传统知识的合理使用制度既可以达到对传统知识加强认识增进尊重的目的，又可以在传统知识受益人的权利和公共利益的需求者之间起到平衡的作用。"著作权的合理使用"是指在一定条件下不经著作权人的许可，也不必向其支付报酬而对作品所进行的使用。专利法对出于科研目的、教育目的或其他非生产经营性目的使用也认定为合理使用，使用人可不经专利权人许可而使用。

传统知识的合理使用是保持知识进行传播和利用的重要途径。我国著作权法主要规定了 12 种合理使用的情形。根据 WIPO-IGC 制定的最新文本《条款草案》，传统知识的例外与限制包括两个备选方案。③ 方案一认为，在遵守本文书规定的义务时，成员国可以在特殊情况下或应当采用保护公共利益所必需的有理由的例外与限制时，使用时与受益人协商，条件是这

---

① 周方. 传统知识法律保护研究[M]. 北京：知识产权出版社，2010：264.

② 古祖雪. TRIPS 框架下保护传统知识的制度建构[J]. 法学研究，2010（1）：51.

③ 一般例外要求"注明受益人""对受益人不具有冒犯性或减损性""符合公平做法""不无理地损害受益人的合法利益，同时兼顾第三方的合法利益"。具体例外包括：教学、学习，但不包括赢利或商业目的的研究；出于公益，为保存、展览、研究和展示目的在档案馆、图书馆、博物馆或文化机构使用传统知识；在国家紧急状况或其他极端紧急状况下，为保护公共卫生或环境；治疗人或动物的诊断方法、治疗方法及外科手术方法排除于保护之外。

种例外与限制没有不合理地与受益人的权利相抵触，也没有不当影响本文书的实施。方案二将例外与限制分成一般例外和具体例外两个层次。《伯尔尼公约》关于合理使用制度主要包括为了教育目的的使用、新闻及期刊的报道的使用、广播电视临时性使用的录音和录像制作等。① 英国 1988 年实施的《著作权、设计和专利法案》在"合理使用"的基本条款中增加了出于非商业性目的的文本挖掘与数据分析条款，认为基于非商业性目的的数据挖掘、分析的复制行为，不构成著作权侵权。② 德国《著作权法》要求的合理使用需要以有关作品的出版为前提。③ 尼日尔第 93-027 号《关于民俗的版权、相关权利和表现形式法令》第 56 条规定了民间文学艺术的授权使用，第 58 条规定了民间文学艺术在用于教育目的等授权使用的例外。④ 2016 年肯尼亚《传统知识与文化表达保护法》第 19 条规定，对传统知识或文化表现形式的保护应该不限制或妨碍某一特定社区的成员在传统范围内按照该社区的习惯法和惯例；仅限于在商业利益之外使用传统知识或文化表达方式；出于教育目的的教学和研究、个人或私人用途、批评或审查、时事报道、在法律诉讼过程中使用等。⑤

2. 习惯性使用

民间文学艺术的创作和形成，不是为了开发利用，为了谋利，而是传

---

① 参见《伯尔尼公约》第 9 条、第 10 条等。

② 周玲玲. 英国著作权限制与例外改革及其对我国图书馆的启示[J]. 图书情报工作，2016(6)：71.

③ 张耕. 民间文学艺术的知识产权保护研究[M]. 北京：法律出版社，2007：255.

④ 尼日尔第 93-027 号《关于民俗的版权、相关权利和表现形式法令》第 56 条规定：对民俗表现形式的使用，如果是出于商业用途，并超出民俗表现形式的传统或习惯背景，应得到尼日尔版权局的授权：(一)出版、复制和分发民俗表现形式的副本；(二)民俗表现形式的任何公众朗诵或表演、任何通过无线方式或有线方式进行的传输以及与公众进行的任何其他形式的交流。第 58 规定：(一)下列情况不适用于第 56 条的规定：(1)用于教育目的；(2)在一个或多个作者的原著中以举例说明的方式加以使用，但前提是这种使用的范围应与合理做法相符；(3)借用民俗表现形式，来创作一个或多个作者的原创作品。

⑤ 参见肯尼亚《传统知识与文化表达保护法》第 2 条。

统社区遵照其传统和信仰履行某些仪式，或者服务于原住民或者传统居民的生产与生活。承认传统社区的习惯性使用，与保护传统知识的利益是一致的，有利于社群内的人积极使用传统知识和知识分享传播。就传统性或习惯性使用而言，原住民、当地社区或者其他传统文化社区的成员，按照习惯法，在传统背景下或者在习惯性背景下对有关传统知识进行复制、使用或者传播，不受民间文学艺术产权保护的约束。①

　　传统社区内的习惯法是习惯性使用的规则依据。有学者认为："如果知识产权法未能保护传统文化表现形式，土著社区的习惯法必须纳入可保护主题事项的分类和定义。""我们需要研究人们是如何根据他们自己关于无形财产的习惯协议和法律生活的，我们需要将这方面的详细知识纳入知识产权准则。"②这些习惯法取决于亲属关系、年龄、性别、头衔以及个人在社会中的角色，并通过基于共同利益的制裁以及魔幻的或宗教的信仰制度来强制执行。③ 在原住民长期反复博弈下，习惯法丰富的制度养分成为保护民间文学艺术的重要规则。习惯法系指被一个社区认可为强制性行为准则的习俗、惯例和信仰的集合，是土著和传统社区社会经济制度和生活方式的内在组成部分。这些制度和规则是传统部族、原住民在长期生产、生活中形成的，涵盖土著人民和当地社区成员生活、文化和世界观等重要方面的权利、义务与责任等方面。土著习惯法与土著人民的生活方式紧密相连，这些制度性规则与传统知识一样，是他们文化的一个组成部分。它不受其管辖的风俗习惯的影响，它注重社区的所有权和参与，而不是个人权利。④

---

　　① 严永和. 民间文学艺术知识产权特别权利保护制度的构建[M]. 北京：中国社会科学出版社，2020：253.

　　② Spangler Stephanie. When indigenous communities godigital：Praotecting Traditional Cultural Expressions through integration of IP and customary law [J]. Cardozo Arts & Entertainment Law Journal，2010(27)：709.

　　③ Paul Kuruk. Protecting folklore under modern intellectual property regimes：A reappraisal of the tensions between individual and communal rights in Africa and the United States[J]. The American University Law Review，1999(5)：75.

　　④ Meghana RaoRane. Aiming straight：The ues of indigenous customary law to protect traditional cultural expressions[J]. Pacific Rim Law & Policy Journal，2006(15)：827.

　　习惯法以提供重要文化背景的部落生活为依据，反映了部落的经济体系、文化信仰和灵异的神圣知识，适应传统部族的心理特征，是其传统文化的组成部分。习惯法控制着民间文学艺术哪些主题被表现和如何被描绘。"艺术在土著文化中的神圣地位和在仪式中使用某些设计，它在氏族之外的使用必须受到限制。由于艺术在世代传承信仰中所扮演的角色，因此艺术作品的生产应该受到仔细的监控。事实上，在大多数土著社区，有习惯法来控制谁创作艺术，以及何时、如何和为谁创作艺术。"①通过习惯法加强民间文学艺术保护成为国际组织和世界各国的共识。在国际谈判中，土著人民和当地社区表现出对其习惯法和惯例保护民间文学艺术的能力的坚定信念，他们继续对自己的习惯法律体系充满信心。

　　在传统社区和部族的努力下，尊重土著民族的习惯法的原则也在国际公约及其他国际文件中得以体现。WIPO-IGC《知识产权与遗传资源、传统知识和传统文化表现形式重要词语汇编》将"习惯法和惯例"（Customary Law and Practices）列入汇编内容，指出："习惯法涉及社区生活的许多方面。它们界定了社区成员在其生活、文化和世界观的重要方面的权利和责任：习惯法可涉及自然资源的使用和获取，与土地、遗产和财产有关的权利和义务，精神生活的进行，文化遗产和知识体系的维护，其他的事情。"WIPO 秘书处把理解和寻求现代知识产权制度与适用于传统社区、保护其传统知识的习惯法的结合点作为其工作任务之一。WIPO-IGC 正在进行谈判，以期制定一项或多项有效保护传统知识的国际法律文书。许多参与政府间委员会工作的人员，包括 WIPO 的成员国以及土著人民和当地社区的代表，一直强调习惯法在该领域的作用。

　　习惯法在保护民间文学艺术方面也存在一定的局限。习惯法是部落中氏族之间可能存在的共同利益和仪式价值观。它通常适用于传统部族、社区内部，其适用的范围存在局限，习惯法对部落内部成员具有绝对的约束

---

　　①　Christine Haight Farley. Protecting Folklore ofIndigenous Peoples：Is Intellectual Property the Answer?［J］. Connecticut Law Review，1997(30)：1.

力，更广泛的社会群体知晓、遵守这些规范的情况则有限。由于许多未经授权使用民俗的个人都是外国人，他们可能没有动力尊重符合整个社区利益的规范。如果那些使用民俗的个人不在相关社区，其对制裁的恐惧将根本不存在。尽管如此，习惯法或习惯性规则仍然是民间文学艺术授予产权保护限制的重要内容。即，不得限制受益人在传统和习惯范围内，在社区内和社区之间，对传统知识进行符合成员国国家法律的创造、习惯使用、传播、交流和发展。

3. 法定许可使用

法定许可是指依据法律的直接规定，以一定方式使用他人已经发表的作品或邻接权客体，可以不经版权人或邻接权人同意，但应按照规定支付报酬并尊重版权人或邻接权人其他权利的一项法律制度。① 世界知识产权组织编写的《版权和邻接权法律术语词汇》将其称为"法定许可证"，以别于一般"许可证"，即许可使用。②

我国的法定许可制度具有以下基本特征：一是许可使用的来源的法定性，具体说来乃源于著作权法直接规定的，而不是当事人之间通过协商一致达成的结果，实质上是一种法律拟制的许可行为。二是报刊、期刊之间转载、摘编法定许可的规定。三是使用方式的特定性，即只能按照法律规定的方式行使，不允许超过法定方式的种类。③ 我国《著作权法》主要规定了编撰教科书、对已经发表的作品有关报刊进行全文转载及摘要再次发表、使用他人已经合法录制为录音制品的音乐作品制作录音制品、广播组织播放他人已经发表的作品以及播放他人已经出版的录音制品几项。法定许可使用对民间文学艺术的权利限制，不适用于秘密民间文学艺术、神圣

---

① 张耕. 民间文学艺术的知识产权保护研究[M]. 北京：法律出版社，2007：227.

② 吴汉东，曹新明，王毅，胡开忠. 西方诸国著作权制度研究[M]. 北京：中国政法大学出版社，1998：190.

③ 胡开忠，等. 知识产权法比较研究[M]. 北京：中国人民公安大学出版社，2004：161.

性民间文学艺术、符号性民间文学艺术，而仅适用于非符号性、非神圣性的半公开民间文学艺术。如果在上述情形下使用非符号性、非神圣性的半公开民间文学艺术，可以不经过许可，但要按照有关规定或者商业惯例向民间文学艺术权利主体支付报酬。对非符号性公开民间文学艺术，只需向有关基金缴纳相关使用费即可。①

三、民间文艺产权保护的保护期限与侵权责任

(一)保护期限

法律是调整不同群体间利益关系，维护社会运行秩序，保持各要素平衡的一种规范。故而，现代意义上的任何知识产权均根据知识创新对社会所作的贡献和对可获得收益的预期回报速度而赋予权利主体一定的保护期限。② 保护期限的设置需要综合考虑各方面的因素，期限设置过短，则权利主体的创造性劳动不能得到有效补偿，没有足够的激励和资金进行后续的创新；保护期限过长，则容易损害社会公共利益，不利于社会公共财富的积累。所以，合理适当的保护期限设置至关重要。

对民间文学艺术知识产权特别权利的保护期限，理论界与立法界均存在两种观点：一种观点认为，对民间文学艺术应给予无期限保护；另一种观点主张有期限保护。在我国，很多学者主张对民间文学艺术给予无期限保护。③ 我国国家版权局政策法制司 2016 年《民间文学艺术作品著作权保护暂行条例草案》(送审稿)第 7 条也对民间文学艺术作品著作权给予无期限保护。在国外，一些学者主张对民间文学艺术给予无期限保护。

另一种为有期限的保护，认为既然特别权利制度赋予了权利主体以排他权，就应该设置有限的保护期，防止权利人的权利滥用，促进智力成果

---

① 严永和. 民间文学艺术知识产权特别权利保护制度的构建[M]. 北京：中国社会科学出版社，2020：269.

② 张今. 民间文学艺术保护的法律思考[J]. 法律适用，2003(11)：57.

③ 张玉敏. 民间文学艺术法律保护模式的选择[J]. 法商研究，2007(4)：15.

的及时转换进而推动科技的进步，以维持知识创新与利用间的平衡。如葡萄牙第 118 号法令为已登记的传统知识设置了 50 年的有效期，并可申请续展相同的期限。

2019 年 WIPO-IGC《条款草案》第 8 条体现了无期限及有期限两种观点。备选方案 1 规定民间文学艺术的权利保护期限由缔约国自行确定，且以与受益人协商为限，但民间文学艺术的精神权利，即防止对受益人或所属地区的声誉和形象造成任何伤害的歪曲、篡改或其他形式的修改或侵犯的权利不受时间限制。备选方案 2 确认对民间文学艺术给予无期限保护，只要民间文学艺术符合保护标准或者保护条件。备选方案 3 则规定民间文学艺术的经济权利的保护，应当有时间限制，但具体的保护期为多长，《条款草案》交由缔约方自行确定。

在对民间文学艺术等传统文化资源特别权利制度设计中，保护期间的制度设计应将有期限的保护与无期限的保护相结合。对民间文学艺术知识产权特别权利这种民事权利中的财产权利，应给予有期限的保护。例如，发表权和经济权利的保护期规定为 50 年，自经权利主体许可首次发表或者进行首次商业性利用时起算。对经济类权利设置一定的保护期限，可以既照顾到权利主体在期限内的经济收益，保障其生活和生存状态，又可以推进传统文化资源的市场化开发和公共利用。民间文学艺术作为一个文化类型，目前是一种极为弱势的文化，面临着衰亡的威胁。因此，对于除发表权和经济权利之外的人身权利，应当给予无期限保护，以促进文化多样性。

（二）侵权责任

侵权责任是指受害人民事权益遭受侵害时，针对违法行为所引起的法律责任，进行判断、确定、追究以及免除等行为认定。侵权责任认定最核心的内容是明确哪些利益是受到它保护的利益，以及这些利益受到何种程度的保护，侵权责任认定所要解决的就是法律责任应当归属于谁负担的问题。

民事责任，本质上是一种特殊的债权债务关系，可以抽象地表述为民事主体违反第一性义务所产生的第二性义务。① 民事责任是保护民事权利与民事权益的法律手段，② 从而使民事权利或者民事权益得到法律保障。传统文化资源特别权利作为一种私权，是一种特别的知识产权类型。与此同时，知识产权法又是民法的部门法、下位法，因此，民间文学艺术的侵权责任与救济可以从民法、侵权责任法、知识产权法等系列法则中寻找法律依据，主要是民事责任，如停止侵权或者停止侵害、消除影响、赔礼道歉、赔偿损失等。

在知识产权法上，《TRIPS 协议》以国际条约的形式对侵犯知识产权的行为规定了民事责任，如第 44 条规定了停止侵权(禁令)责任、第 45 条规定了损害赔偿责任等。在国际立法实践中，肯尼亚 2016 年出台的《传统知识与文化表达保护法》第 39 条对侵犯传统知识的行为规定了停止侵害(禁令)、补偿损失、公开赔礼道歉等民事责任。

综上所述，关于民间文学艺术产权保护制度构建中的权利救济制度包括以下内容：首先，民间文学艺术产权保护的侵权责任救济措施包括了停止侵害、排除妨碍、消除危险、返还财产、恢复原状、赔偿损失、赔礼道歉、消除影响、恢复名誉等内容。其次，鉴于民间文学艺术权利的精神、财产二分法，因此，将民事责任归纳为精神性责任与财产性责任两类。其中，精神性责任主要指侵犯了民间文学艺术权利主体的署名权、作品的完整权、来源披露权、不受歪曲篡改贬损的权利等。财产性责任主要指侵犯了民间文学艺术权利主体的占有权、使用权、同意权、转让权、收益权等财产性权利。再次，根据上述法则中民事责任的承担范围，可以把民事责任区分为三种基本类型：防御性责任、返还责任与损害赔偿责任。防御性责任，即以减轻或者取消民法保护的民事权利或者民事权益的侵害或者损害危险或者移除有关危险源的责任形式，如停止侵害、消除危险、排除妨

---

① 崔建远. 民法总则应如何设计民事责任制度[J]. 法学杂志，2016(11)：71.

② 张家勇. 论统一民事责任制度的建构[J]. 中国社会科学，2015(8)：18.

碍等；返还责任即返还被非法获取的民事权利或者民事权益，如返还原物及其孳息等；损害赔偿责任，即填补受害人之损害，包括恢复原状与价值赔偿等。① 最后，对于侵害经济性或精神性权利的，传统群体有权通过其代表机构、集体权利管理机构或委托主管机构提起诉讼并要求各种救济措施。

第四节　民间文艺保护救济制度的构建

乡村振兴战略实施的过程中，外部主体对民间文学艺术资源的非法使用，未标明来源，恶意歪曲、盗用或冒用等行为频发。现有的法律制度，多以政府主导的行政保护为主，呈现出法制层面事实上的不均衡、法制与司法事实上脱节的局面。与此同时，民间文学艺术的私法保护机制仍显单薄，大量的民间文学艺术被侵犯的民事诉讼案件面临着无法可依、现行法律捉襟见肘的局面。乡村振兴视角下，民间文学艺术保护过程中劳动群体的保护意识淡薄，现有的公益诉讼制度不成熟等现实瓶颈亟待破解。我国乡村文化振兴战略与民间文艺保护立法的整合必须要构建起民间文艺保护救济制度。

一、村寨居民权利意识的培育

公民权利意识，是指公民对于权利义务的认知、理解及态度，是公民对实现其权利的方式的选择，以及当其权利受到损害时，以何种手段予以补救的一种心理反应，② 是主权国家公民参与国家政治改革、民主发展的源泉动力。新中国成立后，我国宪法和法律赋予了各族群众广泛的文化和政治权利。然而，受制于我国两千多年封建统治思想的影响，传统社会落后的观念和意识在村民心中根深蒂固，权利意识则相对淡薄。"非诉"观念

---

① 张家勇. 论统一民事责任制度的建构[J]. 中国社会科学，2015(8)：17.

② 曾坚. 对中国公民权利意识的历史考察及反思[J]. 贵州大学学报(社会科学版)，2001(1)：91.

浓重，民间文学艺术权利保护意识淡薄。传统村寨大都位于交通不便、信息闭塞的山区、牧区、林区，劳动群众与外界的交流不多，接受外部文化和思想观念的影响较少。传统村寨居民权利观念和法制意识淡薄，"多一事不如少一事""息事宁人"等思想观念根深蒂固。一些劳动群众世代生活在边远的山区、农牧地区，接受文化教育的程度普遍不高，接受外部文化和思想观念的影响较少。地区政府、技艺传承人运用知识产权保护传统手工艺的意识薄弱，对于商标、专利、著作权的了解十分有限，对于通过商标途径来为传统工艺提供有效保护的信息知之甚少。一些非物质文化遗产传承人对于传承人的身份有较高认同，但是对于保护自己传承的文化资源、怎样获得法律的保护和产权利益知之甚少。在村民的思想观念中大多潜藏着"多一事不如少一事""怕麻烦，没有必要""退一步海阔天空""息事宁人"等思想观念。这些思想观念深受传统文化影响，有久远的历史和文化基础，对现代社会民间文学艺术的司法保护造成了较大冲击，也在一定程度上弱化了人们寻求法律救助的意识。传统思想的束缚、经济地位上的落后，导致村寨居民尚无法在宪法和法律的范围内维护自己的公民权利，宪法和法律所规定的公民权利难以得到充分实现。

第一，要加强基层民主法治建设。民主制度的充分发展，是我国公民权利意识发展的基本条件。培育和完善主权国家的公民意识对于推进地区民主政治建设具有积极意义。一些农村地区生产效率相对较低，产业效益、人均消费及收入、人均 GDP 等指标均落后于全国平均水平。一些传统村落地理位置偏远、交通不便，教育资源匮乏、信息资源相对闭塞，村民的权利意识尚不够成熟。因此，要深化传统村寨群众自治实践，帮助村寨在更广范围、更多领域参与村寨民主管理、民主决策、民主监督。另外，要发挥好村民代表大会的决策监督作用，落实村寨信息公开各项制度，提高村寨决策管理的公开性和透明度，保障村寨群众的知情权、参与权、表达权和监督权。要从民主决策、基层治理、文化建设等不同角度扩大村民参与程度，构建和完善村民参与乡村振兴体制机制，为乡村内源式发展提供机制保障。

第二，要加强传统村寨的法制教育。我国民间文学艺术遭受不当利用的现象并不少见，可能够在调研中捕捉到的案例，或者在各级人民法院政府门户网站检索到的案件公开判决却寥寥无几。这也表明村寨群众的维权意识淡薄，面对权利遭受不法侵害的行为，往往是不了了之，没有选择司法救济。和解、调解，还有法院居中主持的调解等情形大量存在，涉及民间文学艺术侵权的一系列案件调解结案的较多，进入诉讼程序的较少。经济基础薄弱，法律知识匮乏，导致当地群众知法途径单一，守法认识模糊，用法意识薄弱。

民间文学艺术被盗用或者侵权的现象频发，法律在平衡传承人、使用者和社会公众三者利益平衡的情况下出现失衡状态。利益的冲突只是其外部的诱因，意识的存在则是一种深藏的潜流。① 现实中，民间文学艺术知识产权保护的宣传教育不够，一些地方政府和群众对于民间文学艺术资源及其创新成果知识产权价值的认识和保护的意识不够，导致保护不力的现象突出。在传统村落，众多的知识产权纠纷还没有显化为产业发展的阻力，民间文学艺术基础上的个人创新、文化盗用后的权利维护在熟人社会的村落空间并不被强调。为此，要针对传统村寨经济基础薄弱、文化水平受限的实际，探索村寨法制教育的新模式。充分发挥好基层党组织的战斗堡垒作用，发挥党员、领导干部、扶贫驻村干部这些"关键少数"的核心骨干作用。大力培养法律人才，特别是了解历史人文、风俗习惯、民族语言的法律人才，增加法制教育的人情味、民族情和地方特色，从而达到更好的普法效果。

第三，要扩大公众参与力度。乡村是滋养传统文化的根脉和土壤，村寨居民是推进乡村振兴和民间文学艺术传承的中坚力量。推进乡村振兴和民间文学艺术建设就是要坚持农民的主体地位，尊重农民主体意愿，发挥农民主体作用。我国在《乡村振兴战略规划（2018—2022 年）》中即强调了

---

① 张西昌. 传统手工艺的知识产权保护研究［D］. 西安：西安美术学院，2013：37.

农民的主体性，明确提出要把"坚持农民主体地位"作为指导乡村振兴规划实施的基本原则之一。发挥村寨居民的主体作用首先要加强宣传教育，唤醒村寨居民的本土意识，增强村民参与村寨建设和文化保护的主观意愿和身份认同。有学者在研究时指出，"在民间文学艺术开发利用的过程中，要积极引导社会民间理论参与保护、开发和利用，使得这些由民间大众创造的文化资源能在开发、利用中惠益百姓"，"提高了老百姓的文化自觉意识，民间文艺的开发和利用才可持续，才会焕发出勃勃生机"。① 广大乡村的发展离不开村民主体意识的增强。只有村民具有浓厚主体意识，才能清醒地认识到乡村振兴的重要意义，才能让村民意识到自身在乡村振兴中的地位和责任，把乡村发展当成自己的职责和使命，积极投身于乡村建设的美好事业之中。

日本、韩国等国家在推进乡村振兴的过程中，都注重培育和引导公民参与。例如，日本根据《文化财保护法》设立的文化财产保护委员会，在保护传统文化艺术中发挥了重要作用，其允许私人财团、基金会参与到传统文化保护当中来，为政府填补一些保护缺口，通过政府与民间保护组织合作，最大程度上达成保护民间文学艺术的目的。另外，日本政府举办了形式多样的公益补习班，并邀请讲师面向普通村寨居民讲授各类文化、商业课程。韩国政府将教育和培训列为新村运动的核心环节，帮助村民培养改革和参与意识，提高专业技术能力。② 在英国文化遗产管理系统中，民间社团组织都发挥着重要作用。英国的中央政府下设多个部门主要负责系统的组织工作，并协调其他相关部门和民间力量共同推进文化发展。在法国，自 1980 年开始推出文化遗产日和文化遗产游，以便让公众拥有更强的文化遗产意识，通过政府的引导营造保护传统文化的氛围。

要吸引在外"乡贤"返乡和各类人才参与乡村发展。乡贤是指在本土具

---

① 柏贵喜. 土家族传统知识的现代利用与保护研究［M］. 北京：中国社会科学出版社，2015：215.

② 李洪涛. 乡村建设国际经验比较与启示［M］. 北京：中国农业出版社，2019：82.

有一定的知名度和影响力，从乡村流出在外的精英群体。近年来，乡贤越来越受到国家的重视，一再强调新时代新乡贤对乡村治理和乡村振兴的重要作用。另外，要优化乡村振兴的人才引进条件，完善乡村人才引进机制，通过增加创业津贴、提供无息贷款等方式解决人才乡村创业的资金问题，并在住房、教育、医疗等方面加大政策倾斜力度。要动员多元主体参与传统文化保护和乡村振兴。民间文学艺术保护和乡村振兴战略的推进都是长期而复杂的系统工程，需要多元主体的参与。[①]

各级政府部门、民间组织、社区代表都有各自的利益诉求和策略选择，应从体制、机制建设层面为多元主体参与传统文化保护和乡村振兴配备相关制度，帮助不同主体在力量、权力配置上进行博弈，平等表达各自的利益诉求，有序行使各自的职责。另外，要让工会、共青团、妇联、科协、残联等群团组织参与传统文化保护，发挥各民主党派、工商联、无党派人士的智慧和力量，汇聚乡村振兴的强大合力。

二、诉讼主体的确定

司法是指法院的审判活动，民间文学艺术的司法保护制度是指从诉讼角度维护民间文学艺术传承与保护过程中的合法权益。司法救济最重要的法治意义在于，它可以保障原被告双方在程序中都享有平等的参与性、可期待性以及对等性，对双方的合法权利都给予平等的保障，因此司法救济是人类社会起源最早、被各国普遍采用、最能代表正义、最具权威和公信力的一种公力救济制度。当民间文学艺术遭遇不当侵权时，司法保护成为

---

① 以湖南工业大学为例，2017 年底，湖南工业大学组建设计创新团队，成立"绣色十八洞"苗绣创新基地，由拥有国家社科基金项目"中国苗族婚嫁女红艺术研究"的青年教师杨勇波负责。双针锁绣、绉绣、破纱绣，这些苗绣中的独特刺绣工艺，许多濒临失传，有些绣娘只会其中一两种。该团队成员多次到湘西土家族苗族自治州花垣县十八洞村"取经"，挨家挨户找到绣娘讨教绣法，并整理成册。与此同时，精准扶智让一批批绣娘走出大山、走进大学、走进大企业。两年来，十八洞村绣娘通过手工苗绣带动就业 218 人，绣娘收入从每月 1500 元增至 2000 元以上。{成建梅，刘翔. 500万元苗绣借力"一带一路"送往各国[N]. 株洲日报，2018-08-28(01).}

保护民间文学艺术的最后一道防线。民间文学艺术的经济、文化价值日渐凸显，而民间文学艺术司法保护制度仍存在诸多不足。随着我国数量众多的非物质文化遗产走向商业化，大量知识产权案件层出不穷。①

我国乡村文化振兴战略与民间文艺保护救济制度诉讼主体涉及个人、传统部族或民族村寨等有关集体、国家这三个方面。

（一）个人主义主体观

在现代知识产权法理框架下，创造者本位是知识产权法的主体观。尊重并突出社会成员即个人的优势地位，是现代政治与法律制度的核心目标，也构成现代政治科学与法律科学的核心意识形态。个人本位的政治法律哲学，使欧美国家逐渐形成了以保护个人、尊重个人劳动成果及其权利的制度体系，包括直接确认与保护私权的私法体系与限制公权以间接保护私权的公法体系。② 现代知识产权形塑了以发明人、设计人、育种者、作者、艺术家等知识财产创造者、生产者个人为本位的理念与制度体系。发明者、设计者、作者、艺术家成为现代知识活动与艺术活动的创作主体。知识产权权利取得，以"创造者的身份资格为基础，以国家认可或者授予为条件"。③ 作为一种艺术成果的民间文学艺术，其是由具体个人单独或者与其他人合作创造、创作的智力劳动成果，其与现代知识产品创作与产生的情形，具有共性。艺术创作者在终极意义上均为特定的个人，民法上称为自然人。由此，无论是现代艺术体系，还是民间文学艺术体系，把创作者个人确定为个人，建构个人主义主体观，均具有自然法意义的正当性与合理性。

民间文学艺术传承人直接行使诉讼权利的情况并不少见。1994 年，澳

---

① 例如，2012 年的"泥人张"案件，源自天津、北京两个"泥人张"都主张自己对"泥人张"名称享有的专用权，直到 2012 年最高法院才做出审判，天津"泥人张"胜诉。

② 严永和. 民间文学艺术知识产权特别权利保护制度的构建[M]. 北京：中国社会科学出版社，2020：127-128.

③ 吴汉东. 关于知识产权本体、主体与客体的重新认识[J]. 法学评论，2000（5）：97.

大利亚联邦法院审理了 Milpurrurru 诉 Indofurn 案，该案的被告是一家地毯公司，Milpurrurru 代表土著艺术家，起诉该地毯公司未经授权就在其生产的地毯上印制了大量由澳大利亚土著居民设计的不同图案，其后又将这些地毯在澳大利亚境内出售。联邦法院审理后认为，这种未经授权就将具有宗教意味的图案印制在地毯上任由地毯使用人踩踏的行为，是一种无礼的行为。它不仅伤害了艺术家所在社区居民的感情，而且对设计该图案的艺术家也造成了侵权和伤害，最终法院支持了原告的诉求。另外，将个人设定为民间文学艺术权利主体的做法在国际立法实践中也并不罕见。2001 年南太平洋地区在《传统生态知识、创新和实践保护示范法》中把个人纳入传统知识、创新、实践的主体范畴。2016 年赞比亚《传统知识、遗传资源和民间文学艺术表达形式保护法》第 2 条、第 16 条规定，传统知识的"受益人"是其持有人，即持有人构成传统知识的权利主体，传统知识的持有人包括传统社区习惯法认可的个人。① 2010 年非洲地区知识产权组织通过的《斯瓦科普蒙德议定书》规定：权利的所有者应是传统知识的持有者，即当地和传统社区，以及这些社区公认中的个人。② 2016 年肯尼亚《传统知识与文化表达保护法》规定："持有人"是指根据该社区的习惯法和惯例委托保管或保护传统知识和文化表现形式的社区内公认的个人或组织；"所有者"是指当地和传统社区，以及根据该社区的习惯法和惯例委托监护或保护传统知识和文化表现形式的此类社区内的公认个人或组织。③ 我国众多学者对民间文学艺术权利主体的个人主义观持肯定观点。④

① 严永和. 民间文学艺术知识产权特别权利保护制度的构建[M]. 北京：中国社会科学出版社，2020：133.

② 参见《斯瓦科普蒙德议定书》第六条规定。

③ 参见肯尼亚《传统知识与文化表达保护法》第 2 条。

④ 有学者认为，民间文学艺术的权利主体应推定为民间文学艺术最近版本的传承人，如故事的讲述者、民间音乐的演唱者、民间舞蹈的表演者、民间美术的创作者等。而有的学者认为，汇编者等创造性传承人对其传承的民间文学艺术享有"普通版权"或邻接权；再现者等非创造性传承人，对其再现或模仿的民间文学艺术享有"一种特别权或特别邻接权"。

我国的民间文学艺术大多经历了长期的历史传承与发展演进过程，其最初创造者、创作者一般难以考证。因而，在确定民间文学艺术权利主体时，就存在着现实的困难。就我国而言，现存的最近版本的民间文学艺术，一般可以确定明确的、具体的一个或者多个持有人或者传承人。这些一个或者多个持有人或者传承人，可能在一个特定的村寨或者社区，也可能在多个不同的村寨或者社区。由于现存民间文学艺术的原始创造者与创作者均难以确定，只要有关社区或者村寨，根据其习惯法承认特定传承人为权利主体，国家法律就应当予以认可。

（二）集体主义作者观

集体性是民间文学艺术在传承保护中体现的基本特征。民间文学艺术的集体性主要表现为民间文学艺术不是天才的创造，是村寨内部民众集体智慧的结合。民间文学艺术在产生过程中，既有个人智慧贡献，也汇聚了群体成员的努力，是特定地域民众共同努力的结果。民间文学艺术反映了劳动群体的集体智慧、意识和世界观，体现了村寨、社区和部族的集体文化特征和集体身份。所以集体性是民间文学艺术的本质属性，民间文学艺术是集体创造、集体维系、集体持有的文化知识集合。以"集体共有"为核心的传统知识资源保护机制的建立，目的是对活态性的非物质文化遗产资源进行保护，同时也防止集体性的传统知识资源受到以私权保护为核心的知识产权制度的损害。① 民间文学艺术的集体性，主要表现为民间文学艺术是人民群众集体创作的产物，是集体智慧的结晶，如一些民间文学艺术是民众在集体场合口头即兴编凑而成，如一些劳动号子；一些民间文学艺术先由一人在口头上编出，大家认为好，将其传播出去，并在传播过程中自觉或者不自觉地加上自己的创作成分，使之不断完善；一些民间文学艺术是由专业或者半专业的人士，集中群众创作的成果，在前人创作的基础

---

① 张西昌. 传统手工艺的知识产权保护研究［D］. 西安：西安美术学院，2013：171.

上，编出更加宏伟的作品，如长篇史诗、评书、戏曲等大型作品。①

1991 年，澳大利亚 Yumbulul 诉澳大利亚储备银行一案中，澳大利亚的加尔普部落提起诉讼，阻止银行在钞票上复制其晨星杆的设计。加尔普人认为防止外部实体滥用杆子是共同的义务，他们认为银行复制杆子是滥用。在这一案件中，Yumbulul 代表加尔普部落提起诉讼，行使诉讼权的主体就是加尔普部落。② 国际社会在相关立法活动中，也对民间文学艺术的权利主体进行了积极探索。1982 年《示范法》在界定受保护的民间文学艺术时，限定其为有关国家某社区或者个人发展或者传承的民间文学艺术，就表明该示范法把发展或者传承有关民间文学艺术的社区或者个人确定为该民间文学艺术的权利主体。1992 年的《生物多样性公约》将传统知识定义为与土著和地方社区生活习惯有关，且与维持生物多样性相关的知识，反映出土著或地方社区是传统知识的所有者或持有人。根据 2019 年 WIPO-IGC《条款草案》第 4 条所列举的三个备选条款的规定，民间文学艺术的受益人可以是原住民、当地社区、国家或是民族。对民间文学艺术的权利主体，多数学者主张集体主义主体观，认为传统文化的权利主体是其所在社区的群体，即承认传承人(私人)和相关部落、民族或特定地区的族群(集体)对民间文学艺术享有的权利。就我国而言，特定行政村拥有的民间文学艺术，其权利主体应为行政村。某些行政村共同拥有的民间文学艺术，则共为权利主体。

(三)国家作为民间文学艺术的权利主体

在我国，将民间文学艺术权利主体确定为国家有肯定说和否定说两种截然相反的观点。否定说认为，我国非物质文化遗产非常丰富，由国家作

---

① 严永和. 民间文学艺术知识产权特别权利保护制度的构建[M]. 北京：中国社会科学出版社，2020：133.

② Carlos M Correa. Traditional knowledge and Intellectual property：Issues and options surrounding the protection oftraditional knowledge [EB/OL].［2006-03-15］. http://www. biodiv-ip.gov.cn/ zsjs/ctzs / ctzsyzscq/ t20030602_14321.htm.

为权利主体，不利于权利行使，不利于发挥来源群体保护非物质文化遗产的积极性与主动性。① 肯定说认为，有的民间文学艺术已经广泛公开，其来源社区或者族群无力维护相关权利，只有国家才能实现相关权利。民间舞蹈、音乐、故事传说等众多民间文学艺术形式多以表演、试听、互联网等方式为公众所知悉，传播范围较为广泛，外部主体的应用或盗用较多。因此，在民间文学艺术的对外交流中，设置国家作为民间文学艺术的权利主体，可以起到"兜底"式的保障作用。这时，该国政府有关部门应当作为托管人替代相关社区享有和行使相关权利，升格为权利主体。这种观点也得到了国际法的认可。1992 年《生物多样性公约》规定每一个主权国家对本国的遗传资源及其传统知识拥有自主处置的权利。2003 年《保护非物质文化遗传公约》提出了"主权国家要采取必要措施确保其领土上的非物质文化遗产受到保护"。加纳的版权法规定，民俗作者的版权归属于政府，将政府当做作品的创作者。

　　乡村文化振兴战略视角下，民间文艺保护救济制度的权利诉讼主体的确定，应当以传统村寨中的传承人权利保护为关键，保障传承人的基本或基础性权利。原住民社区或者其他传统文化社区对民间文学艺术所享有的知识产权特别权利，处于民间文学艺术知识产权特别权利结构体系的核心。因此，当民间文学艺术存在传承人的情形下，即应将有关村寨或者乡镇的民间文学艺术传承人作为诉讼权利主体。当该项民间文学艺术无法确定传承人或传承人无法履行诉权时，应当把民间文学艺术的权利主体确定为我国有关行政村；共同拥有有关民间文学艺术的行政村，则为民间文学艺术的共同权利主体。而在个人、集体等权利主体均难以确定时，有关民间文学艺术的权利主体，就确定为国家，由国家有关主管部门代替国家享有和行使相关权利。

三、公益诉讼制度的完善

　　司法程序是维护社会公共安全、公共利益的有力武器。随着我国公民

---

① 李墨丝. 非物质文化保护国际法制研究［M］. 北京：法律出版社，2010：306.

社会的迅速崛起，公益诉讼成为公民在现有的法律制度框架下参与国家管理，体现公民社会力量的重要形式。公益诉讼的概念，来自 20 世纪 60 年代美国广泛使用的"PublicInterests Litigation"这一英语合成词。公益诉讼的理论，最早可溯源于古罗马法。古罗马伟大的法学家乌尔比安在历史上第一次区分了私法和公法，与之相适应，古罗马法将诉讼分为私益诉讼和公益诉讼。

公益诉讼制度突破了诉讼相对人与侵害利益一方有利害关系的要求，容许无直接利害关系人为维护公共利益而向法院提起诉讼。传统的公益诉讼主要适用于环境保护领域，由于民间文学艺术保护的文化属性、人权属性和公共属性，民间文学艺术保护与公益诉讼制度之间具有一定契合性。2013 年新修订的《中华人民共和国民事诉讼法》首次确定了公益诉讼条款。公益诉讼实施的目的是为了保护社会公共利益，将公益诉讼制度引入民间文学艺术领域是对其公共属性的保障。民间文学艺术具有文化属性，对民间文学艺术进行保护是对中华文化多样化生活方式和价值追求的维护。在当代社会，人类对生活方式的选择日趋多元，民间文学艺术日益成为一种"弱势文化"，甚至很难在人类自发选择的文化市场中生存。正是基于民间文学艺术超个人、超集体的权利义务关系，体现了传承与发展中的公共利益，所以，民间文艺的群体性符合公益诉讼对公共利益的诉求。

如前文所述，现有公益诉讼制度上存在的不足，为调试和完善制度体系留下空间。

第一，明确赋予个人提起公益诉讼的权利。公益诉讼是公民在现有的法律制度框架下参与国家管理，体现公民社会力量的重要形式。公益诉讼案件所涉及的领域已经从起初的消费者权益保护向环境保护、城市规划，以及以平等、反歧视和国家权力与公民权利良性互动为主题的公民权利案件转向。2013 年修订的《中华人民共和国民事诉讼法》规定"法律规定的机关和有关组织可以向人民法院提起诉讼"。2017 年，民事诉讼法和行政诉讼法通过修正案，直接规定允许检察机关提起公益诉讼。目前，我国能够提起公益诉讼的主体只能是行政机关、有关组织，个人不能提起公益诉讼。司法程序中设置个人不能参与公益诉讼的原因，主要是为了避免滥诉和司法资源的浪费。然而，民间文学艺术保护不仅是一个公共利益保护的问题，也涉及传统部族、社区和传承人的集体或个人利益。因此，可以赋予个人提起公益诉讼的权利，并将个人向行政机关寻求救济等设置为"前置程序"，当权利人"用尽当地救济"仍无法维护个人合法权益时，即可向法院提起诉讼。

第二，扩大公众参与。公众参与乡村振兴和民间文学艺术保护的重要前提和基础，是完善民间文学艺术司法保障的有效途径。《保护非物质文化遗产公约》规定了参与非遗保护的公众参与条款，强调非遗保护需要社区、群体和个人的最大限度的参与，并吸收他们积极参与对传统文化资源的保护和管理。① 在我国，农村地区地理位置偏远、交通不便，信息闭塞，不利于社会组织、民间团体和科研院所等力量参与保护工作。因此，更需要调动区域内外的力量，不断加强民间文学艺术保护水平。一些地区、一些法院在司法探索中，在案件范围和起诉主体上都有所突破。一些机关和社会组织作为原告提起公益诉讼，也得到了民众的认可，并获得了很好的社会效果。为此要改变行业协会、中介组织、公益团体建设不足的局面，发挥行业协会、中介组织、公益团体参与民间文学艺术保护等社会事务治理的实践运用。

第三，完善举证责任等各项规定。民间文学艺术的特殊性，决定其公益诉讼不适用一般性的举证责任分配标准。民间文学艺术公益诉讼的举证责任难度较高，需要证明侵权行为与结果之间具有某种因果关系。这对行业协会、中介组织、公益团体而言，举证责任过重，参与诉讼技术难度较大，导致诉讼主体消极行使诉权。对不同起诉者的举证责任应当区别对待。如，检察机关和民间文学艺术来源地政府、社会团体在人员配备、专业知识和物力、财力等方面具有优势，收集及证明能力较强，由其承担证明责任并无不妥。对于村寨居民、民间文学艺术传承人而言，其保护意识

---

① 参见《保护非物质文化遗产公约》第15条。

薄弱、法律知识普遍不足，诉讼能力处于弱势地位。有学者认为，普通公民只需对被告滥用民间文艺损害来源地群体利益这一侵权事实承担举证责任，而被告则对其无过错、权利来源合法、无因果关系等负有证明责任。如此，则有效地保证诉讼的运行，平衡利益格局。①

第四，完善民间文学艺术保护立法。民间文学艺术缺少明确的法律保护依据，导致司法保护无法可依。我国对民间文学艺术等的保护持肯定态度，但目前还没有统一的全国性的保护民间文学艺术等专门性立法。由于存在法律空白，接受案件的法院和法官在审判中陷入无法可依的窘境。法律适用方面，法官在没有具体法律规则使用的情况下，只能依靠法律原则做出判决。

目前的法律规范，只能确定民间文学艺术等可以得到法律的保护，但对于民间文学艺术作品的保护宗旨问题、保护范围、民间文学著作权的内容、行使权利的主体、行使原则及具体办法等内容均缺少明确的法律保护依据。民间文学艺术的权利主体问题，包括精神权利的保护、经济权利的保护，民间文艺资源市场的惠益分享等问题，这一系列问题，都是民间文学艺术保护的核心和关键问题，亟待在理论和实践中予以解决。

---

① 柯常国. 民间文学艺术表达司法保护的公益诉讼选择——从"乌苏里船歌案"谈起[J]. 赤峰学院学报. 2013(4)：71.

结　语

党的十九大做出实施乡村振兴战略的重大决策部署。实施乡村振兴战略是解决城市和农村二元社会结构不平衡、保护中华民族共有精神家园、铸牢各民族共同体意识，实现中华民族伟大复兴中国梦的必由之路。习近平总书记多次就乡村振兴和传统文化保护做出指示，深刻阐释了乡村的文化意义，强有力扭转了单纯以经济标准判断乡村价值的认识，对乡村文明的传承、民族精神家园的守护，发挥了及时而长远的作用，为我们新时期做好相关工作指明了方向。① 乡村振兴与民间文学艺术在内涵和外延的丰富性、复杂性，决定了乡村振兴与民间文学艺术保护制度的整合是一个多维度、多层次的理论和实践课题。

知识产权制度是保护民间文学艺术，推进乡村文化振兴的核心途径。知识产权是近代工业文明的产物，是由长期的贸易习惯转变而成的财产制度。它以制度文明为支点，以财富等利益为杠杆，有效地调动和激发了人民的创造热情，极大地推动了人类物质文明和精神文明的进步。党的十八大把"实施知识产权战略，加强知识产权保护"作为"创新驱动发展战略"的重要保障。与中国城镇化建设几乎同步进行的是国内的知识产权制度建设和不断发展。中国知识产权制度虽起步较晚，但却发展迅速，近30年来，实现了从无到有的重大发展，形成了较为健全的知识产权法律制度体系。郑成思教授曾在《信息、知识产权与中国知识产权战略若干问题》一文中指出："中国人在知识创新方面从来不比任何人差。在迈向知识经济的今天，

---

① 潘鲁生. 习近平文艺思想的新时代意义[N]. 中国艺术报, 2017-11-29(003).

我们应当做的是一方面利用知识产权制度业已形成的高保护推动国民在高新技术文化产品领域搞创造与创作，另一方面积极促成新的知识产权保护制度以保护我们目前处于优势的传统知识与生物多样化。"当前，民间文学艺术知识产权保护面临着重要机遇，民间文学艺术保护的重要途径就是知识产权法保护。在知识产权利益的实现机制上，可以在现行知识产权制度模式下利用现行知识产权制度规则保护传统知识的相应技术特征及其知识产权利益；对现行知识产权制度不能保护的相应技术特征及其知识产权利益，则可以对现行知识产权制度的某些部分作适度的修改，以现行知识产权制度理念和原则为指导创设产权保护制度。

非物质文化遗产保护是切实保护民间文学艺术，推进乡村振兴战略的重要途径。非物质文化遗产保护法律既要站在社会公共利益的视角出发，保护文化遗产的多样性和非遗项目的可持续发展，又要站在传承人、传统村寨或社区集体的角度，保障其生存和发展，维护非遗项目的活态传承。成为联合国教科文组织《保护非物质文化遗产》的缔约国之后，我国在借鉴国际组织和国外非物质文化遗产保护经验的基础上，确定了我国非物质文化遗产保护的目标和方针，开展系统的非物质文化遗产普查工作，建立非物质文化遗产的名录体系。现实工作中，非遗保护在名录保护制度、传承人保护制度、市场化开发等制度中仍然存在不足，这些不足也体现为传统文化资源保护传播中面临的制度困境，亟待通过优化制度设计、挖掘资源价值、推进创造性传承与转化等方式予以完善。

民间文学艺术在传统社会存续、文化传承、产业发展、纠纷调解等方面具有多种显在或潜在价值，对乡村产业兴旺、环境保护、乡村文化建设具有重要作用。民间文学艺术保护与合理利用，是我国实施乡村振兴战略、促进乡村发展的重要途径和重要内容。国际社会在推进传统文化资源保护和乡村发展过程中进行了积极尝试。《保护文学和艺术作品伯尔尼公约》《发展中国家版权突尼斯示范法》等国际条约相继问世，世界各国也围绕乡村发展和传统文化资源保护进行了大量探索。土著民族围绕民族文化自决、人权保护、防止文化权利滥用等进行了长期的、艰苦卓绝的抗争。

在此过程中，习惯法保护、数据库保护和合同保护等制度为我国推动民间文学艺术保护和乡村发展提供了制度借鉴。乡村振兴视角下民间文艺法律保护体系的构建就是要以文化多样性、文化可持续发展及文化安全为理念，完善非物质文化遗产保护制度和知识产权保护制度，构建保护民间文艺促进乡村文化振兴产权规则，同时通过村民权利意识的培育、诉讼主体的确定、公益诉讼制度的引入等举措，以成熟的文化多样性保护制度参与国家竞争、讲好中国故事，为国际文化多样性、为生态文明和人类命运共同体建设提供中国经验和中国范式。

通过上述理论与实证分析，笔者认为：

（1）民间文学艺术保护与合理利用，是我国实施乡村振兴战略、促进乡村发展的重要途径。

（2）现有知识产权保护、非物质文化遗产保护不能为民间文学艺术提供周全保护，以产权保护为核心的法律制度的缺失，保存、传播和利用制度的不足成为传统文化资源遭盗用、滥用的主要诱因。

（3）乡村文化振兴和民间文学艺术保护体系构建应当以文化多样性、文化可持续发展及文化安全为理念，以文化权利保护为核心，完善民间文学艺术保存、传播与利用制度。

（4）乡村振兴视角下民间文学艺术产权保护规则的构建，包括实质与程序两个层面。实质层面，要坚持客体的合法性、内容的地域性和民族性、主体的群体性、表现形式上的独创性和传统性；程序层面，应由文化保护部门建立和完善我国民间文学艺术数据库，由主管部门进行数据登记。权利内容可以区分为精神权利和经济权利。前者主要包括发表权、署名权或者表明来源权、保护完整权；经济权利则应根据保密状态的不同而授予有所差异的内容。产权保护规则的限制主要包括合理使用、习惯性许可使用和法定许可使用。权利保护期限方面，除发表权和经济权利之外的人身权利，应当给予无期限保护。

参 考 文 献

一、学术著作

（一）中文专著

[1]李洪涛. 乡村建设国际经验比较与启示[M]. 北京：中国农业出版社，2019.

[2]曾蓉. 从文化视角探索乡村振兴的发展之路[M]. 北京：经济管理出版社，2019.

[3]涂圣伟. 中国乡村振兴的制度创新之路[M]. 北京：社会科学文献出版社，2019.

[4]吴汉东. 知识产权基本问题研究[M]. 北京：中国人民大学出版社，2005.

[5]吴汉东，胡开忠. 无形财产权制度研究[M]. 北京：法律出版社，2001.

[6]吴汉东，郭寿康. 知识产权制度国际化问题研究[M]. 北京：北京大学出版社，2010.

[7]吴汉东. 知识产权法(第五版)[M]. 北京：法律出版社，2014.

[8]吴汉东. 知识产权制度变革与发展研究[M]. 北京：经济科学出版社，2013.

[9]冯晓青. 知识产权法哲学[M]. 北京：中国人民公安大学出版社，

2003.

[10]王坤. 知识产权法学方法论[M]. 武汉：华中科技大学出版社，2016.

[11]严永和. 民间文学艺术的知识产权保护论[M]. 北京：法律出版社，
2009.

[12]严永和. 论传统知识的知识产权保护[M]. 北京：法律出版社，2006.

[13]严永和. 传统文化资源特别权利保护制度的构建[M]. 北京：中国社
会科学出版社，2020.

[14]费孝通. 乡土中国[M]. 北京：人民出版社，2008.

[15]刘剑文. TRIPS 视野下的中国知识产权制度研究[M]. 北京：人民出
版社，2003.

[16]王文章. 非物质文化遗产概论[M]. 北京：教育科学出版社，2008.

[17]国家知识产权局条法司. 专利法研究[M]. 北京：知识产权出版社，
2002.

[18]管育鹰. 知识产权视野中的民间文艺保护[M]. 北京：法律出版社，
2006.

[19]张耕. 民间文学艺术的知识产权保护研究[M]. 北京：法律出版社，
2007.

[20]黄玉烨. 民间文学艺术的法律保护[M]. 北京：知识产权出版社，
2008.

[21]丁丽瑛. 传统知识保护的权利设计与制度构建[M]. 北京：法律出版
社，2009.

[22]高轩. 我国非物质文化遗产行政法保护研究[M]. 北京：法律出版社，
2012.

[23]杨明. 非物质文化遗产的法律保护[M]. 北京：北京大学出版社，
2014.

[24]郭强，李伟，管育鹰. 知识产权与区域经济发展[M]. 北京：知识产
权出版社，2011.

［25］董新凯. 国家知识产权战略实施的制约因素及对策研究［M］. 北京：知识产权出版社，2014.

［26］柏贵喜. 土家族传统知识的现代利用与保护研究［M］. 北京：中国社会科学出版社，2015.

［27］杨建斌. 知识产权体系下非物质传统资源权利保护研究［M］. 北京：法律出版社，2011.

［28］王鹤云，高绍安. 中国非物质文化遗产保护法律机制研究［M］. 北京：知识产权出版社，2009.

［29］李墨丝. 非物质文化遗产保护国际法制研究［M］. 北京：法律出版社，2010.

［30］李秀娜. 非物质文化遗产的知识产权保护［M］. 北京：法律出版社，2010.

［31］孙彩虹. 民间文学艺术知识产权策略研究［M］. 北京：中国政法大学出版社，2011.

［32］周方. 传统知识法律保护研究［M］. 北京：知识产权出版社，2011.

［33］崔国斌. 专利法：原理与案例［M］. 北京：北京大学出版社，2012.

［34］冯晓青，刘友华. 专利法［M］. 北京：法律出版社，2010.

［35］赵顺龙，杜芸. 知识产权战略与区域经济发展［M］. 北京：知识产权出版社，2012.

［36］李明德. 知识产权法［M］. 北京：社会科学文献出版社，2007.

［37］李明德. 美国知识产权法［M］. 北京：法律出版社，2014.

［38］管育鹰. 知识产权法学的新发展［M］. 北京：中国社会科学出版社，2013.

［39］汤宗舜. 著作权法原理［M］. 北京：知识产权出版社，2005.

［40］李明德. 美国知识产权法［M］. 北京：法律出版社，2014.

［41］肖琼. 民族旅游村寨可持续发展研究［M］. 北京：经济科学出版，2013.

[42]张跃，何斯强. 中国民族村寨文化[M]. 昆明：云南大学出版社，
　　2006.

[43]陆琦，唐孝祥，廖志. 中国民族建筑概览(华南卷)[M]. 北京：中国
　　电力出版社，2007.

[44]郑成思. 知识产权文丛(第八卷)[M]. 北京：中国方正出版社，2002.

[45]周岚，陈浴宇. 田园乡村：国际乡村发展80例——乡村振兴的多元路
　　径[M]. 北京：中国建筑工业出版社，2109.

[46]钟敬文：民间文学论丛[M]. 北京：中国民间文艺出版社，1981.

[47]涂圣伟：中国乡村振兴的制度创新之路[M]. 北京：社会科学文献出
　　版社，2019.

[48]乡村振兴战略规划实施协调推进机制办公室. 乡村振兴战略规划实施
　　报告(2018—2019年)[M]. 北京：中国农业出版社，2020.

[49]国家民委经济发展司. 中国少数民族特色村寨建筑特色研究：村寨与
　　自然生态和谐研究卷[M]. 北京：民族出版社，2014.

[50]王景，周黎. 民族文化与遗传资源知识产权保护[M]. 北京：知识产
　　权出版社，2012.

[51]童萍. 文化民族性问题研究[M]. 北京：人民出版社，2011.

[52]刘守华，巫瑞书. 民间文学导论[M]. 武汉：长江文艺出版社，1997.

[53]曹德明. 国外非物质文化遗产保护的经验与启示(亚洲其他地区与大
　　洋洲卷)[M]. 北京：社会科学文献出版社，2018.

(二)中文译著

[1][德]莱温斯基. 原住民遗产与知识产权：遗传资源、传统知识和民间
　　文学艺术. [M]. 廖冰冰，刘硕，卢璐，译. 北京：中国民主法制出版
　　社，2011.

[2][美]马凌诺夫斯基. 文化论[M]. 费孝通，译. 北京：华夏出版社，
　　2002.

［3］［德］埃德加·博登海默. 法理学：法律哲学与法律方法［M］. 邓正来，
　　译. 北京：中国政法大学出版社，2004.

［4］［美］富勒. 法律的道德性［M］. 郑戈，译. 北京：商务印书馆，2005.

［5］［美］约翰·柯林斯. 大战略［M］. 中国人民解放军军事科学院，译. 北
　　京：战士出版社，1978.

［6］［法］皮埃尔·莫内. 自由主义思想文化史［M］. 曹海军，译. 长春：吉
　　林人民出版社，2004.

［7］［美］塞缪尔·亨廷顿，劳伦斯·哈里森. 文化的重要作用：价值观如
　　何影响人类进步［M］. 程克雄，译. 北京：新华出版社，2010.

［8］［日］我妻荣. 债权各论(下卷一)［M］. 冷罗生，等，译. 北京：中国法
　　制出版社，2008.

［9］［英］约·穆勒. 政治经济学原理(上卷)［M］. 赵荣潜，等，译. 北京：
　　商务印书馆，2009.

［10］［美］Darrell A. Posey, Graham Dutfield. 超越知识产权——为原住民族
　　和当地社区争取传统资源权利［M］. 许建初，译. 昆明：云南科技出
　　版社，2003.

［11］［美］J. Michael Finger, Philip Schuler. 穷人的知识：改善发展中国家
　　的知识产权［M］. 全先银，等，译. 北京：中国财政经济出版社，
　　2004.

［12］［印］甘古力. 知识产权：释放知识经济的能量［M］. 宋建华，等，译.
　　北京：知识产权出版社，2004.

［13］［美］欧文·拉兹洛. 多种文化的星球——联合国教科文组织国际专家
　　小组的报告［M］. 戴侃，辛未，译. 北京：社会科学文献出版社，
　　2004.

［14］［英］洛克. 政府论(下篇)［M］. 叶启芳，瞿菊农，译. 北京：商务印
　　书馆，1964.

二、学术论文

（一）中文论文

[1]吴汉东. 知识产权的多元属性及研究范式[J]. 中国社会科学，2011
（5）.

[2]吴汉东. 论传统文化的法律保护——以非物质文化遗产和传统文化表现
形式为对象[J]. 中国法学，2010(1).

[3]吴汉东. 知识产权法的制度创新本质与知识创新目标[J]. 法学研究，
2014(3).

[4]吴汉东，锁福涛. 中国知识产权司法保护的理念与政策[J]. 当代法学，
2013(6).

[5]严永和. 论我国少数民族传统知识产权保护战略与制度框架——以少数
民族传统医药知识为例[J]. 民族研究，2006(2).

[6]严永和. 民族民间文艺知识产权保护的制度设计：评价与反思[J]. 民
族研究，2010(3).

[7]严永和. 我国反假冒制度的创新与传统名号的知识产权保护[J]. 法商
研究，2015(2).

[8]严永和，彭伟. 论我国少数民族传统设计知识产权保护的法律模式[J].
民族研究，2016(3).

[9]严永和，高俊山. 南方少数民族传统手工艺资源体系与知识产权法体
系：耦合与调适[J]. 中南民族大学学报(人文社会科学版)，2017(5).

[10]李忠斌，李军，文晓国. 固本扩边：少数民族特色村寨建设的理论探
讨[J]. 民族研究，2016(1).

[11]管育鹰. 民间文学艺术作品的保护机制探讨[J]. 法律科学(西北政法
大学学报)，2016(4).

[12]管育鹰. 传统知识及传统文化表达的法律保护问题[J]. 贵州师范大学

学报(社会科学版)，2005(2).

[13]崔国斌. 商标许可终止后的商誉分配[J]. 知识产权，2012(12).

[14]冯晓青. 利益平衡论：知识产权法的理论基础[J]. 知识产权，2003
(6).

[15]冯晓青. 知识产权法的公平正义价值取向[J]. 电子知识产权，2006
(7).

[16]冯晓青. 非物质文化遗产与知识产权保护[J]. 知识产权，2010(3).

[17]黄玉烨. 保护传统文化的政策目标论纲[J]. 法商研究，2008(1).

[18]黄玉烨. 论非物质文化遗产的私权保护[J]. 中国法学，2008(5).

[19]黄玉烨. 我国民间文学艺术的特别权利保护模式[J]. 法学杂志，2009
(8).

[20]王瑞龙. 民间文学艺术作品著作权保护的制度设计[J]. 中南民族大学
学报(人文社会科学版)，2004(5).

[21]余翔，孙彩虹. 公益诉讼与传统知识的知识产权保护新思路[J]. 河北
法学，2009(6).

[22]李敏. "事先知情同意"制度在我国的适用[J]. 科技与法律，2009
(6).

[23]古祖雪. TRIPS框架下保护传统知识的制度建构[J]. 法学研究，2010
(1).

[24]杨红朝. 遗传资源权视野下的我国农业遗传资源保护探究[J]. 法学杂
志，2010(2).

[25]郑颖捷，王瑞龙. 论少数民族传统知识的知识产权法保护[J]. 中南民
族大学学报(人文社会科学版)，2010(3).

[26]肖少启. 民间文学艺术著作权保护路径分析[J]. 河北法学，2010(4).

[27]田艳. 无形财产权家族的新成员——传统文化产权制度初探[J]. 法学
杂志，2010(4).

[28]郑颖捷. 法律视野下的少数民族传统工艺活态保护初探[J]. 北方民族

大学学报（哲学社会科学版），2010(4).

[29]崔国斌. 否弃集体作者观——民间文艺版权难题的终结[J]. 法制与社会发展，2005(5).

[30]徐家力. 传统知识的利用与知识产权的保护[J]. 中国法学，2005(6).

[31]高敏. 中断的传统知识的保护——从美国复原中国古酒切入[J]. 知识产权，2005(6).

[32]李宗辉. 非物质文化遗产的法律保护——以知识产权法为中心的思考[J]. 知识产权，2005(6).

[33]王晓君. 民间文学艺术的著作权规制[J]. 河北法学，2015(11).

[34]王翀. 论知识产权法对利益冲突的平衡[J]. 政治与法律，2016(1).

[35]管育鹰. 民间文学艺术作品的保护机制探讨[J]. 法律科学，2016(4).

[36]张耕. 民间文学艺术知识产权保护的正当性——以人权保护为视角[J]. 学术论坛，2006(12).

[37]宋才发，许威. 传统文化在乡村治理中的法治功能[J]. 中南民族大学学报(人文社会科学版)，2000(4).

[38]徐艺乙. 日本的传统工艺保护策略[J]. 南京艺术学院学报，2008(1).

[39]段超，孙炜. 关于完善非物质文化遗产保护政策的思考[J]. 中南民族大学学报，2017(6).

[40]崔建远. 民法总则应如何设计民事责任制度[J]. 法学杂志，2016(11).

[41]张家勇. 论统一民事责任制度的建构[J]. 中国社会科学，2015(8).

[42]余澜，梁健业. 少数民族非物质文化遗产私权保护正当性的多维视角[J]. 贵州民族研究，2011(6).

[43]齐爱民. 论知识产权框架下的非物质文化遗产及其保护[J]. 重庆大学学报(社会科学版)，2007(3).

[44]郑成思. 关于传统知识与两类知识产权的保护[J]. 中国工商管理研究，2002(12).

[45]陈松友，卢亮亮. 自治、法治与德治：中国乡村治理体系的内在逻辑与实践指向[J]. 行政论坛，2020(1).

[46]李明德. TRIPS协议与《生物多样性公约》、传统知识和民间文学的关系[J]. 贵州师范大学学报(社会科学版)，2005(1).

[47]李忠斌. 论民族文化之经济价值及其实现方式[J]. 民族研究，2018(2).

[48]方李莉. 艺术人类学研究的当代价值[J]. 民族艺术，2005(1).

[49]宋才发，许威. 传统文化在乡村治理中的法治功能[J]. 中南民族大学学报(人文社会科学版)，2000(4).

[50]彭昌容，张晓东，铁英慧. 文化创新产业驱动乡村振兴路径探讨[J]. 山西农经，2020(20).

[51]庞森. 发展权问题探究[J]. 国际问题研究，1997(1).

[52]刘儒，刘江，王舒弘. 乡村振兴战略：历史脉络、理论逻辑、推进路径[J]. 西北农林科技大学学报(社会科学版)，2020(2).

[53]刘宇. 张礼敏. 非物质文化遗产作为文化创意产业本位基因的思考[J]. 山东社会科学，2012(11).

[54]李双元，等. 法律理念的内涵与功能初探[J]. 湖南师范大学社会科学学报，1997(4).

[55]高铭暄，曹波. 当代中国刑法理念研究的变迁和深化[J]. 法学评论，2015(3).

[56]韩源. 全球化背景下维护我国文化安全的战略思考[J]. 毛泽东邓小平理论研究，2004(4).

[57]胡开忠. 文化多样性保护对知识产权国际贸易体制的影响[J]. 法商研究，2008(6).

[58]钱永平. 可持续发展：非物质文化遗产保护的新理念[J]. 文化遗产，2018(3).

[59]李敏. "事先知情同意"制度在我国的适用[J]. 科技与法律，2009(6).

（二）外文论文

［1］Spangler Stephanie. When Indigenous Communities Godigital: Protecting Traditional Cultural Expression Through Integration of IP and Customary Law ［J］. Cardozo Arts & Entertainment Law Journal, 2010(27).

［2］Christine Haight Farley. Protecting Folklore of Indigenous Peoples: Is Intellectual Property the Answer? ［J］. Connecticut. Connecticut Law Review, 1997(30).

［3］Angela R Riley. "Straight Stealing": Towards an Indigenous System of Cultural Property Protection［J］. Washington Law Review Association, 2005 (80).

［4］Jill Koren Kelley. Owning the Sun: Can Native Culture be Protected Through Current Intellectual Property Law? ［J］. Journal of High Technology Law, 2007(7).

［5］Michael Jon Andersen. Claiming the Glass Slipper: The Protection of Folklore as Traditional Knowledge［J］. Case Western Reserve Journal of Law, Technology & the Internet, 2010(1).

［6］Jennie D, Woltz. The Economics of Cultural Misrepresentation: How Should the Indian Arts and Crafts Act of 1990 Be Marketed? ［J］. Fordham Intellectual Property, Media & Entertainment Law Journal, 2007(17).

［7］Ruchira Goswami, Karubakee Nandi. Naming the Unnamed: Intellectual Property Rights of Women Artists from India［J］. American University Journal of Gender, Social Policy & the Law, 2008(16).

［8］Veronica Gordon. Appropriation Without Representation? The Limited Role of Indigenous Groups in Wipo'sinter Governmental Committee on Intellectual Property and Genetic Resources, Traditional Knowledge, and Folklore［J］. Vanderbilt Journal of Entertainment and Technology Law, 2014(16).

[9] Bryan Bachner. Facing The Music: Traditional Knowledge and Copyright [J]. Human Rights Brief, 2005(12).

[10] Eireann Brooks. Cultural Imperialism vs Cultural Protectionism Hollywood's Response to Unesco Efforts to Promote Cultural Diversity[J]. The Journal of International Business & Law, 2006(5).

[11] Roberta MacDonald, Lee Jolliffe. Cultural Rural TourismEvidence from Canada[J]. Annals of Tourism Research, 2003, 30(2).

[12] Marina Hadjioannou. The International Human Right to Culture: Reclamation of the Cultural Identities of Indigenous Peoples Under International Law [J]. Chapman Law Review, 2005(8).

[13] Kelly mauceri. Of Fakes and Frauds: An Analysis of Native American Intangible Cultural Property Protection[J]. The Georgetown Journal of Law & Public Policy, 2007(5).

[14] Doris Estelle. Traditional Knowledge and the Fight for the Public Domain [J]. The John Marshall Law School Review of Intellectual Property Law, 2006(5).

[15] Rosemary Coombe, Steven Schnoor, Mohsen Ahmed. Distributive Justice and Intellectual Property: Bearing Cultural Distinction: Informational Capitalism and New Expectations for Intellectual Property [J]. U. C. Davis Law Review, 2007(40).

[16] Meghana RaoRane. Aiming Straight: The Use of Indigenous Customary Law to Protect Traditional Cultural Expressions[J]. Pacific Rim Law & Policy Journal, 2006(15).

[17] Erin Slattery. Preserving the United states' Intangible Cultural Heritage: An Evaluation of the 2003 Unesco Convention for the Safeguarding of the Intangible Cultural Heritage as a Means to Overcome the Problems Posed by Intellectual Property [J]. Law DePaul University Journal of Art and

Entertainment Law，2006(16).

[18]Molly Torsen."Anonymous，Untitled，Mixed Media"：Mixing Intellectual Property Law with Other Legal Philosophies to Protect Traditional Cultural Expressions［J］. The American Journal of Comparative Law，2006(54).

三、学位论文

[1]柴海涛. 知识产权国际保护与国家战略对策［D］. 北京：中国政法大学，2009.

[2]陈志诚. 传统知识法律保护［D］. 北京：中国政法大学，2009.

[3]崔国斌. 文化及生物多样性保护和知识产权［D］. 北京：北京大学，2002.

[4]韩小兵. 中国少数民族非物质文化遗产法律保护基本问题研究［D］. 北京：中央民族大学，2010.

[5]黎明. 少数民族文化遗产的现代传承与法律保护［D］. 兰州：兰州大学，2007.

[6]唐海清. 非物质文化遗产的国际法保护问题研究［D］. 武汉：武汉大学，2010.

[7]田艳. 中国少数民族文化权利法律保障研究［D］. 北京：中央民族大学，2007.

[8]王萌. 传统文化表达的知识产权保护若干法律问题研究［D］. 武汉：武汉大学，2012.

[9]臧小丽. 传统知识的法律保护问题研究［D］. 北京：中央民族大学，2006.

[10]周军. 论文化遗产权［D］. 武汉：武汉大学，2011.

[11]周丽莎. 少数民族文化权保护立法研究［D］. 北京：中央民族大学，2013.

[12]周琳. 商业秘密预防性保护之比较研究［D］. 大连：大连海事大学，

2012.

[13]陈杨. 论传统知识的国际法律保护[D]. 长沙：湖南师范大学，2017.

[14]李墨丝. 非物质文化遗产保护法制研究——以国际条约和国内立法为中心[D]. 上海：华东政法大学，2009.

[15]张西昌. 传统手工艺的知识产权保护研究[D]. 西安：西安美术学院，2013.

[16]陈圆. 知识产权与人权的冲突问题研究[D]. 广州：广州大学，2019.

[17]张慧娟. 美国文化产业政策及其对中国文化建设的启示[D]. 北京：中共中央党校，2012.

[18]李致伟. 通过日本百年非物质文化遗产保护历程探讨日本经验[D]. 北京：中国艺术研究院，2014.

附件　缩略词

简称	中文全称	英文全称
伯尔尼公约	保护文学和艺术作品伯尔尼公约	Berne Convention for the Protection of Literary and Artistic Works
突尼斯版权示范法	发展中国家版权突尼斯示范法	Tunis Model Law on Copyright for Developing Countries
1977 年《班吉协定》	1977 年《非洲知识产权组织班吉协定》	Bangui Agreement Relating to the Creation of an African Intellectual Property Organization，1997
1982 年《示范法》	保护民间文学艺术表达形式，防止不当利用及其他侵害行为的国内法示范条款	Model Provisions for National Laws on the Protection of Expressions of Folklore against Illicit Exploitation and Other Prejudicial Actions
民间文学艺术保护条款草案	保护传统文化表现形式：条款草案（WIPO/GRTKF/IC/40/19）	The Protection of Traditional Cultural Expressions：Draft Articles （WIPO/GRTKF/IC/40/19）
WIPO-IGC	世界知识产权组织"知识产权与遗传资源、传统知识、民间文学艺术"政府间委员会	The WIPO Intergovernmental Committee on Intellectual Property and Genetic Resources，Traditional Knowledge and Folkore

简称	中文全称	英文全称
斯瓦科普蒙德议定书	非洲地区知识产权组织《关于保护传统知识和民间文学艺术表现形式的斯瓦科普蒙德议定书》	Swakopmund Protocol on the Protection of Traditional Knowledge and Expressions of Folklore within the Framework of the African Regional Intellectual Property Organization
巴黎公约	保护工业产权巴黎公约	Paris Convention for the Protection of Industrial Property
赞比亚《传统知识、遗传资源和民间文学艺术表现形式保护法》	2016 年赞比亚《传统知识、遗传资源和民间文学艺术表现形式保护法》	The Protection of Traditional Knowledge, Genetic Resources and Expressions of Folklore Act, 2016
肯尼亚《传统知识与文化表达保护法》	2016 年肯尼亚《传统知识与文化表达保护法》	The Protection of Traditional Knowledge and Cultural Expressions Act, 2016
名古屋议定书	《生物多样性公约》关于获取遗传资源和公平公正分享其利用所产生惠益的名古屋议定书	An Explanatory Guide to the Nagoya Protocol on Access and Benefit—Sharing under the Convention on Bio-Logical Diversity
尼日尔《传统知识法》	关于民俗的版权、相关权利和表现形式法令（尼日尔第 93-027 号法令）	Traditional Knowledge Laws：Niger